Copyright © 2021 **Rui Marcos e Taiana Jung**
Direção editorial: **Bruno Thys e Luiz André Alzer**
Capa e projeto gráfico: **Bruno Drummond | Bloco Narrativo**
Revisão: **Luciana Barros**
Foto dos autores: **Adriana Oliveira**

Dados Internacionais de Catalogação na Publicação (CIP)
(eDOC BRASIL, Belo Horizonte/MG)

J95c Jung, Taiana.
　　　Contos de vinho: histórias e curiosidades por trás dos rótulos / Taiana Jung, Rui Marcos. – Rio de Janeiro, RJ: Máquina de Livros, 2021
　　　176 p. : il. ; 13 x 18 cm

　　　ISBN 978-65-00-26770-9

　　　1. Vinho e vinificação. I. Marcos, Rui. II. Título.
　　　　　　　　　　　　　　　　　　　　　　CDD 641.22

Elaborado por Maurício Amormino Júnior – CRB6/2422

Grafia atualizada segundo o Acordo Ortográfico da Língua Portuguesa de 1990, em vigor no Brasil desde 2009

5ª edição, 2024

Todos os direitos reservados à **Editora Máquina de Livros LTDA**
Rua Francisco Serrador 90 / 902, Centro, Rio de Janeiro/RJ
CEP 20031-060
www.maquinadelivros.com.br
contato@maquinadelivros.com.br

Nenhuma parte desta obra pode ser reproduzida, em qualquer meio físico ou eletrônico, sem a autorização da editora.

Taiana Jung   Rui Marcos

Contos de Vinho

Histórias e curiosidades
por trás dos rótulos

Aos nossos pais
Jaques Correia de Andrade Santos (*in memoriam*)
Irismar Teodosio da Silva (*in memoriam*)

Índice

APRESENTAÇÃO 8

Abandonado 14
Alma Negra 17
Almaviva 20
Armand de Brignac 23
Bad Boy 26
Barca Velha 29
Block 42 Kalimna 32
Braille 35
Carmen Gran Reserva Frida Kahlo 38
Catena Zapata Malbec Argentino 41
Chadwick 44
Chateau D'Issan 47
Chateau Montelena 50
Château Mouton Rothschild 53
Clos de los Siete 57
Cordero con Piel de Lobo 60
Crios 63
Don Melchor 66
El Enemigo 69
Gut Oggau 72
Juan de Luz 75
Júlia Florista 78
La Piu Belle 81
Lote 43 84

Maria Maria 87
Marlborough Sun 90
Marqués de Riscal 93
Montes Alpha 96
Morse Code 99
Ne Oublie 102
Norton D.O.C. 105
Ombú 108
Opus One 111
Pássaro da Lua 114
Pêra-Manca 117
Peterlongo 121
Petrus 124
Piedra Infinita 128
Quinta da Bacalhôa 131
Romanée-Conti 134
Royal Tokaji Essencia 137
Salamanca do Jarau 140
San Michele a Torri 143
Saurus 146
The Guardians 149
The Hatch 152
Trivento 155
Vega-Sicilia Unico 158
Villa-Lobos 161
130 Blanc de Blanc Brut 164

AGRADECIMENTOS 168

Apresentação

*"Não há nada mais chato
do que levar um vinho sem história
para a casa de um amigo"*

Edgardo Pacheco
Jornalista português especializado em vinhos e azeites

Todo vinho tem uma identidade: não é apenas o líquido armazenado na garrafa. Sua história está relacionada a múltiplos fatores, como o processo produtivo, o viticultor e os demais profissionais envolvidos, as características geográficas do solo e do clima, o efeito *terroir*, o tipo de casta e a tecnologia presente em sua fabricação. Tudo isso ajuda a formar a personalidade dessa bebida milenar.

As vinícolas transmitem o conjunto de informações de seus vinhos utilizando o rótulo e o contrarrótulo. Ali se revelam, por meio de desenho, gravura, fotografia, layout, ou apenas a tipografia e o nome, a identidade e uma narrativa exclusiva de cada safra.

De acordo com relatos históricos, a ideia de rótulo surgiu no período das civilizações antigas, com os egípcios, em 1.300 a.C.. Eles escreviam nos papiros informações sobre o ano de colheita das uvas, a região e o nome do produtor. A bebida era armazenada em ânforas, espécie de vasos de cerâmica.

Posteriormente, com as grandes navegações europeias, o vinho passou a ser comercializado em barris de madeira marcados com ferro quente, como forma de identificar origem, data e nome do fabricante.

A partir do século XVIII, com a diversidade na produção vinícola, a necessidade de se ampliar a distribuição e o incremento da indústria do vidro, teve início a venda de vinhos engarrafados, marcada pela técnica da litografia, uma forma de impressão que deu origem aos primeiros rótulos.

O surgimento das Apelações de Origem tornou obrigatório o uso de rótulos na identificação dos vinhos. Eles passaram, então, a ter a função de controle contra fraudes e de servir como garantia de qualidade e de procedência. Indicavam também a composição da bebida, a validade, o produtor, entre outras informações, variando de acordo com a legislação de cada país. No Brasil é o Ministério da Agricultura, Pecuária e Abastecimento o responsável pela regulamentação e o padrão de identidade do vinho, seguindo normas estabelecidas.

Além do conteúdo técnico presente em cada rótulo, no último século se fortaleceu o valor simbólico do produto como parte da estratégia de marketing, na qual a estética e os significados agregam importância à comunicação por meio do nome, do design e da narrativa. Isso passa a fazer sentido já que a primeira interação com uma garrafa de vinho, em qualquer ponto de venda, seja físico ou virtual, é quase sempre pelo rótulo. E, nesse momento, a bebida se torna seu próprio vendedor, com argumentos capazes de seduzir e se destacar no mar de opções de uma gôndola.

A repaginação do rótulo teve seu marco com a Família Rothschild, que produz vinhos desde o século XIX. Mas foi na década de 1920, quando os negócios passaram para as mãos do jovem Barão Philippe de Rothschild (bisneto do Barão Nathaniel, fundador da vinícola), que ocorreram mudanças significativas na fabricação, no comércio e no marketing de vinhos. Ele convidou personalidades de diferentes segmentos, como artes plásticas, literatura e política, para assinarem seus rótulos. A iniciativa trouxe mais valor à sua marca; seus vinhos, todos de alta qualidade, ganharam status de obras de arte.

O nosso interesse pelos rótulos começou em 2016, quando passamos a apreciar vinhos e a participar de degustações. Até que um de nós, o Rui, ingressou na Associação Brasileira de Sommeliers, do Rio de Janeiro, e se envolveu não só com conteúdo técnico, mas também com histórias e curiosidades que compartilhava em nossas conversas.

Daí, sempre que comprávamos uma garrafa, procurávamos no rótulo alguma menção à história daquele vinho. Na maioria das vezes não a encontrávamos. Começamos a pesquisar nos sites das vinícolas e revistas especializadas e, como uma colcha de retalhos, fomos construindo um caminho que explicasse o significado do nome, da imagem e a relação de tudo isso com o mundo. Esse exercício foi mágico: quanto mais sabíamos sobre um vinho, mais interessante ele se tornava ao degustá-lo.

Percebemos que o vinho não era apenas uma bebida com aromas, notas e cor. Possuía algo intangível, só notado no momento em que sua história era acessada. E quando falamos de história queremos dizer contexto, relação entre tempo e espaço, cultura, gente e significados.

Foi assim que nasceu no Instagram, em janeiro de 2020, o perfil Contos de Vinho, o espaço da nossa contribuição à cultura da bebida, lugar de ressignificação das nossas pesquisas e, principalmente, da forma de ver e construir o percurso de cada história contada. É o cantinho onde nós apreciamos, estudamos e compartilhamos, em forma de pílulas, conhecimentos sobre o universo dessa bebida milenar.

Depois de pouco mais de um ano de pesquisa e publicação de conteúdo, nasceu este *Contos de vinho: histórias e curiosidades por trás dos rótulos*. Aqui reunimos pequenos textos inspirados em 50 rótulos, alguns já publicados no perfil e agora ampliados; outros inéditos, a partir de uma narrativa que valoriza aspectos da ciência, da cultura e das personalidades do universo vínico, sempre pautados em nossa própria interpretação de mundo.

Buscamos histórias das mais diversas, até porque os produtores são pessoas interessantíssimas, empreendedoras, que nos levam a muitas reflexões. Os contos retratam exatamente isso. Descobrimos que a personalidade do vinho, em alguns casos, tem a ver com a do seu produtor. Há também mistérios inexplicáveis, de videiras que ultrapassam o tempo, a tempestade, a seca e até o abandono, e que, ainda assim, resultam em vinhos espetaculares. É quando a terra, por algum motivo, não aceita o nosso domínio.

Há rótulos imbuídos de picardia, de fé e de mitologia. Muitas vezes são os produtores criando asas; outras, somos nós mesmos ultrapassando os limites do real. Mas como a história é desafiadora, nos tornamos provocadores também – daí colocarmos em um mesmo texto harmonizações de assuntos inusitados, como a relação das questões existenciais com o vinho. Uma reflexão profunda, mesmo que rápida, sobre nossa jornada na vida e das batalhas que travamos. Das crenças que geram medo e, de acordo com a história de um determinado rótulo, nos transformam em nosso próprio inimigo.

Outro assunto recorrente está relacionado às condições geográficas, sejam elas físicas ou políticas. Descobrimos que o vinho tem em seu DNA componentes como clima, solo, paisagem, território, lugar e região, que vão além do *terroir*. Sua existência e seu uso, ao longo dos séculos, estiveram relacionados às práticas sociais e espaciais. Diferentes reinados se expandiram, demarcaram fronteiras e travaram guerras a partir de algum elemento relacionado ao vinho. O pioneirismo feminino no universo da bebida também está presente em diferentes contos, por meio de mulheres icônicas que deixaram suas contribuições. A cultura do vinho se cruza com política, religião, economia e, principalmente, com dinastias que dividiram conhecimentos, negócios e estilos de vida.

As experiências sobre os efeitos da cultura do vinho transitam entre a simplicidade e o luxo; o particular e o universal; a paz e a guerra; o amor e a conspiração; a sedução e a fé; o banal e o complexo; o todo e as partes. Passam por nós e por você, que poderá interpretar e reinterpretar cada texto, a partir da sua caixinha de memórias, conhecimentos, percepções e emoções.

Resolvemos usar o termo "conto" no título numa livre

ressignificação da palavra. Como todos sabemos, conto é um gênero literário mais comum no campo da ficção, diferentemente das histórias reunidas neste livro, todas reais e frutos de pesquisas e andanças nossas pelo mundo. Entretanto, a palavra conto nos pareceu mais adequada às portas e janelas que a história e a tradição da cultura do vinho abrem à imaginação. Nesse sentido, assim como uma garrafa de vinho significa muito mais do que 750ml de bebida, entendemos que os relatos a seguir nos conduzem também ao terreno do sonho, do prazer e da alegria, para além dos registros históricos.

Uma coisa é certa: o conteúdo por trás de um rótulo de vinho pode trazer tudo, menos monotonia! Este é um livro para degustar e provocá-lo a buscar, cada vez mais, informações sobre o encantador universo do vinho.

Taiana Jung e Rui Marcos

Abandonado

Abandonado
Do esquecimento ao
requinte das taças de cristal

O abandono de vinhas é uma situação mais comum do que podemos imaginar, inclusive em algumas regiões da Europa, onde muitas videiras são antigas. As causas são as mais diversas, desde a falta de recursos financeiros necessários ao cultivo até o desinteresse por problemas de qualidade e baixa produtividade.

Na região do Douro, em Portugal, o primeiro lugar do mundo a ter o cultivo demarcado, em 1756, os moradores apelidaram de "vinhas do abandono" um *terroir* com vinhas velhas, de 80 anos. É nesse território que a vinícola Alves de Sousa, por meio do seu enólogo Domingos Alves, criou correlações entre o homem, a terra e sua obra, o vinho.

Esse *terroir* fica numa zona de intensa exposição climática e com formações rochosas na superfície, onde nenhuma planta floresceria. Mas as vinhas velhas ficaram lá: firmes e fortes! Lutaram para viver, numa demonstração de resiliência.

Durante anos, a Alves de Sousa investiu na recuperação

das vinhas abandonadas e replantou videiras que estavam desaparecidas. Apesar do cuidado, apenas as cepas mais velhas foram capazes de subsistir. Em 2004, ele decidiu vinificá-las em separado, na adega. Para sua surpresa, obteve sucesso logo de início: foi revelado um vinho de personalidade e características singulares com as uvas Tinta-Amarela, Touriga Franca, Touriga Nacional, Sousão e mais outras 20 castas típicas da região.

Por conta disso, a Alves de Sousa resolveu engarrafá-lo e homenagear as vinhas velhas do Douro, que um dia desaparecerão, já que no lugar rochoso nenhuma outra videira resistirá, apenas as "vinhas do abandono". O rótulo, singelo, traduz a origem do vinho: apenas com seu nome, sozinho e "abandonado" numa área branca, com letras sugerindo que desaparecerão a qualquer momento.

Talvez a terra do abandono tenha conspirado para que as antigas videiras, tão somente elas, fossem as únicas a serem celebradas naquele lugar, como forma de reconhecimento e lição de vida para nós. Nos ensina que, mesmo diante das condições mais inóspitas de vida, podemos resistir e estar onde quisermos. No caso das experientes e resistentes videiras, sendo engarrafadas e apreciadas pelo mundo: do abandono ao requinte das taças de cristal!

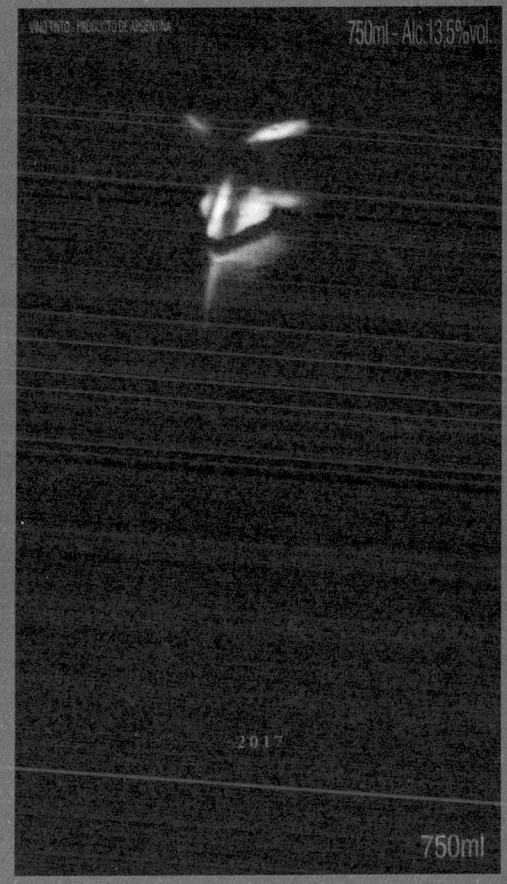

Alma Negra
O mistério da vida traduzido em um rótulo

Desde os primórdios, a humanidade sempre questionou sua origem, e até hoje busca o sentido da vida. É um tema que brota de nossas questões mais pessoais e ao mesmo tempo universais, além de gerar elevados teores de angústias. Nunca se esgota, ao contrário: mantém-se na ordem do dia, independentemente do tempo e do lugar.

Religião, filosofia e ciência formam o tripé necessário à conjunção de conhecimentos que buscam respostas às nossas questões existenciais. Mas, apesar do acúmulo de experiências, as respostas não são consensuais, pois somos seres complexos, mutáveis e únicos. Esse caleidoscópio de múltiplos significados e interpretações surge a partir de uma característica que nos faz diferentes de outros seres vivos: a capacidade de pensar e refletir sobre a existência e a cultura.

No universo vínico, destacamos um enólogo que por meio do seu conhecimento e estilo de vida – rodou o mundo, estudou diferentes áreas do saber e se manteve apaixonado por arte e esportes – criou um rótulo que pudesse representar ao mesmo tempo a beleza e os mistérios da vida, assim como os do seu vinho. Ernesto Catena, da vinícola Tikal, localizada em Mendoza, na Argentina, idealizou o Alma Negra como uma representação do "pensamento ainda desconhecido" em relação à existência humana.

O início dessa viagem começa nos vinhedos da Tikal em formato de labirinto. O lugar do desconhecido, da diversão e da graciosidade. O lugar das perguntas e, consequentemente, do conhecimento, segundo Ernesto. Para ele, o ser humano é fascinado pelo mistério, sempre em busca de respostas sobre sua origem. O rótulo Alma Negra pode ser decifrado como uma metáfora da vida, já que sua composição é cercada de segredos. O vinho possui "alma" e apresenta "significados" ainda não revelados pelo criador.

O produtor oferece ao apreciador a oportunidade de materializar os processos e elementos que compõem o vinho, construindo assim uma interpretação e identidade únicas para cada garrafa degustada. Como o corte é secreto, caberá ao apreciador sentir e construir em sua biblioteca sensorial as próprias definições.

Baron Philippe de Rothschild  Viña Concha y Toro

Almaviva

Alc. 14.5% vol. Wine of Chile • Viña Almaviva S.A. • Puente Alto 75 cl.

Almaviva
Encontro entre inovação, tradição e diferentes culturas

A cultura do vinho é reconhecida pela tradição, que, de maneira simplificada, significa também o ato de transmitir saberes de geração em geração, perpetuando assim um modo de ser, de fazer e até de sentir. Já a inovação é uma habilidade de fazer diferente, melhor e adaptada a uma determinada realidade. Há quem torça o nariz para o diálogo entre a tradição e a inovação, mas há também quem aposte nesse encontro.

Em 1997, houve uma parceria comercial inusitada entre dois produtores, um do velho mundo, Barão Philippe de Rothschild, e outro do novo mundo, representado pelo grupo Concha y Toro. A união foi considerada um laboratório de ideias para a produção de um rótulo inigualável, com complexidade e explosão de aromas que representasse as duas culturas em um vinho premium franco-chileno.

A bebida nasceria de forma exclusiva na vinícola Almaviva, no Vale do Maipo, no Chile, a partir do modelo de produção e comercialização francês. O resultado da parceria levou o vinho a conquistar diferentes prêmios, entre eles a cobiçada pontuação máxima do crítico James Suckling. O rótulo também recebeu a classificação Primer Orden, o que equivale ao Grand Cru Classé de Bordeaux.

A palavra "almaviva" tem origem na literatura clássica francesa. Quem a criou foi Pierre Beaumarchais, famoso polímata (indivíduo que estuda/conhece várias ciências) e também um personagem polêmico e inovador no século XVIII. Ele transitou por diferentes funções e muitos países, em um período de colapso da velha Europa medieval e nascimento do novo mundo, que pregava liberdade, igualdade e fraternidade, época da primeira Revolução Francesa. Como dramaturgo, escreveu a trilogia "Fígaro", em que um dos principais personagens se chamava Conde Almaviva. Em 1786, Wolfgang Amadeus Mozart adaptou a peça para a ópera e a tornou popular.

No rótulo do vinho o nome Almaviva é escrito com a grafia do próprio Beaumarchais. Já a figura do círculo é uma homenagem ao povo indígena Mapuche – "mapu" (terra) e "che" (gente) –, o único das Américas a derrotar os espanhóis, no século XVI, em defesa de seu território. O círculo simboliza o tambor sagrado *kultrun*, utilizado pelos Mapuche.

Os elementos que constam no design do rótulo representam tradições, culturas e tempos distintos marcados por rupturas, disputas de território, mudanças e muita autenticidade, assim como o vinho Almaviva.

Armand de Brignac

Xodó da família real inglesa e de astros internacionais

É possível encontrar algumas definições para o ás de espadas. Se tomarmos por referência as 52 cartas do baralho, representa triunfo e é considerado um símbolo da sorte em várias culturas. Mas o ás de espadas também pode ser encontrado na forma líquida e borbulhante de um champanhe. Uma proeza da família Cattier, que desde 1763 é produtora na França.

Jean-Jacques Cattier – da décima geração da família – supervisiona a produção do *chateau* que reúne uma equipe de 20 funcionários. As castas, selecionadas, vêm dos melhores Premier e Grand Cru da região de Marne, considerada uma das principais de Champagne.

A vinificação obedece a padrões artesanais e os porões, onde são armazenados os famosos champanhes, seguem três estilos arquitetônicos: gótico, renascentista e romano. Os Armand de Brignac são envelhecidos em uma área mais profunda: é necessário descer 119 degraus.

O nome tem origem nos anos de 1950, quando a mãe de Jean-Jacques, ao ler um romance, gostou de um dos personagens, M. de Brignac. Para ela, soava como um nome nobre e poderia batizar um futuro vinho. Assim, solicitou a patente e o registro da marca – conhecemos bem esse costume aqui no Brasil, em que pais registram os filhos homenageando jogadores de futebol ou artistas de quem são fãs.

Passadas décadas, a marca caiu no esquecimento da família. Porém, no início desse século, quando o champanhe estava em processo de elaboração, Jean-Jacques quis homenagear sua mãe, batizando-o de Brignac.

O rótulo, um imponente ás de espadas, não é impresso em papel: utiliza-se estanho aplicado à mão. As garrafas são revestidas por cores vibrantes, como dourado, rosa e prata. A produção anual é estimada em cem mil garrafas. O champanhe já foi servido no iate da família real inglesa e tem uma lista de fãs famosos, como os atores Leonardo DiCaprio e George Clooney, o tenista Roger Federer e o jogador Luís Figo.

Desde 2014, o rapper americano Jay-Z, marido da cantora Beyoncé, é o proprietário da marca. Ele ressignificou o ás de espadas, que se tornou sinônimo de riqueza e luxo. Jay-Z fez uma parceria comercial com a LVMH, que já vendia outros consagrados champanhes, como Dom Pérignon e Veuve Clicquot. O objetivo é ampliar o crescimento e a presença do Armand de Brignac no mundo.

Bad Boy
O produtor artesanal que encantou Robert Parker

No campo da sociologia, língua e cultura são indissociáveis. A linguagem é fruto do meio em que vivemos. Nossos ancestrais pintavam e esculpiam símbolos nas rochas. Isso proporcionou, no decorrer do tempo, uma diversidade de linguagens e culturas. Com a evolução, muitas palavras foram inventadas e outras perderam o uso. O processo de criação de novas expressões chama-se neologismo.

O mundo do vinho também deu origem a terminologias e palavras bem particulares. Um desses neologismos é "parkerização", criado para expressar as avaliações de Robert Parker, americano, advogado e a maior referência internacional na crítica de vinhos. Ele classifica através de pontuações os rótulos que experimenta – o máximo são 100 pontos.

A "parkerização" pode mudar o patamar de um vinho. Isso aconteceu nos anos 1990, após um encontro do crítico com Jean-Luc Thunevin, um pequeno produtor de St-Émilion. Parker atribuiu ao tinto Château Valandraud, de Jean-Luc, notas superiores ao Petrus e ao Château Margaux. A chancela, claro, chamou a atenção do mundo.

Foi então que um jornalista francês especializado no assunto, Michel Bettane, escreveu sobre o vinho e utilizou pela primeira vez a expressão "vin de garage". Um vinho de garagem possui algumas das seguintes características: vale-se de um pequeno espaço da propriedade para todas as etapas de sua fabricação, envolve processos artesanais na produção e tem comercialização restrita.

Jean-Luc, antes de contribuir com o nome que batizou os vinhos de garagem, trabalhou na juventude como lenhador de carvalho e DJ. Mais tarde, atuou na área financeira, teve um restaurante de comida japonesa e vendeu vinhos, até começar a produzir seu próprio rótulo. Com poucos recursos inicialmente, e de forma artesanal, ensaiou, errou e ainda assim foi capaz de uma produção de elevada qualidade. A primeira safra, de 1991, foi de apenas 1.500 garrafas.

Sem dúvida se trata de uma pessoa curiosa, sonhadora e pronta para mudar o *status quo*. Características que corroboraram para que recebesse de Robert Parker um apelido carinhoso: Bad Boy de St-Émilion. Ou, em bom português, "garoto malvado".

Jean-Luc gostou do apelido e criou um rótulo com uma ovelha negra, que na verdade representa ele próprio, o *bad boy*, aquele que rompeu com a tradição na produção de vinhos de Bordeaux. Atualmente, exporta cerca de 70% da sua produção para o Japão, China, Estados Unidos, toda a Europa e, mais recentemente, também para o Brasil.

Barca Velha
Raridade passada de enólogo para enólogo

No meio acadêmico a definição de raridade pode ter vários significados, que seguem diferentes critérios e elementos subjetivos. Um livro, por exemplo, para ser considerado raro depende de variáveis como autor, ano de publicação, caráter histórico, processo de produção e tiragem, entre outros aspectos. Já para uma obra de arte, os requisitos para a classificação de raridade podem ser distintos: período de produção do artista, técnica utilizada, processo de composição e interpretações propostas.

E o vinho, como pode ser apontado como raro? Algumas possibilidades são a safra e a visão do produtor e enólogo ao desenvolvê-lo. É o caso do Barca Velha, que data de 1952 e que até 2021 só teve 20 safras comercializadas. O enólogo Fernando Nicolau de Almeida, da vinícola Casa Ferreirinha, localizada no Douro, em Portugal, acompanhava a evolução do vinho engarrafado de cada safra e realizava provas de tempos em tempos para, então, determinar se seria ou não partilhado com o mundo.

O legado de Nicolau de Almeida foi passado para outros dois enólogos, José Maria Soares Franco e, atualmente, Luís Sottomayor, responsáveis por manter o Barca Velha como um raro ícone português. O curioso é que o critério de qualidade das safras não é revelado até hoje, mas o vinho nunca é desperdiçado. Se não evoluir de acordo com o juízo crítico do enólogo – são cerca de dez anos entre a fabricação e sua comercialização – é engarrafado com outro nome e, claro, com valor menor.

Aliás, o nome Barca Velha homenageia uma antiga embarcação que atravessava o Douro nas redondezas do *terroir* da Casa Ferreirinha. Tempos atrás, as uvas Tinta-Roriz, Tinto-Cão, Touriga Franca e Touriga Nacional, que compõem o clássico rótulo, vinham da Quinta do Vale Meão e eram transportadas em barcas mal conservadas e nos típicos barcos rabelos. Por conta das tais barcas velhas, as pessoas diziam que era mais fácil ir a Luanda, na África, do que ao Meão.

Em 2020, foi anunciada a 20ª safra, de 2011. A produção alcançou cerca de 30 mil garrafas, que começaram a ser comercializadas no mundo a partir de maio de 2021.

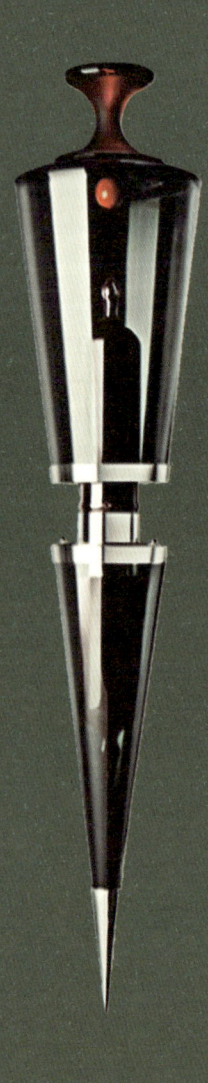

Block 42 Kalimna
Uma experiência única para um vinho raríssimo

Alguns fatores sociais, como cultura e economia, são responsáveis pela valorização de determinado produto ou serviço em detrimento de outros. Um dos atributos aplicados pela economia é o preço, que resumidamente pode ser entendido como uma expressão numérica e monetária. Já o valor está relacionado à importância do produto ou serviço, que influencia diretamente na composição do preço.

No caso do vinho, tradição, matéria-prima, *terroir*, tempo de produção, logística, demanda, tributação e outros fatores interferem no preço final do produto. Para falar de um dos vinhos mais caros do mundo, temos que voltar ao século XIX.

Em 1844, o médico Christopher Penfold e sua esposa, Mary, saíram da Inglaterra para a Austrália em busca de uma nova vida. Foram morar no sul, próximo à Adelaide, onde começaram a cultivar videiras, boa parte trazida de Bordeaux. Eles produziam vinhos fortificados para os pacientes, pois Christopher acreditava ser um bom remédio no tratamento da anemia.

A demanda por seus serviços médicos, assim como pelos vinhos, rapidamente aumentou. A falta de tempo de Christopher fez com que Mary assumisse a produção. Com a morte do marido, em 1870, ela investiu no crescimento da vinícola: passou a cultivar mais variedades de uvas e a expandir os negócios para outros países. O esforço de Mary só foi reconhecido após sua morte, quando a família teve acesso ao diário no qual ela registrava em detalhes o trabalho na empresa.

Em 1907, a Penfolds já era considerada a maior vinícola do sul da Austrália, responsável por um terço de toda a produção da região. Com o tempo, ficou conhecida pela alta qualidade dos vinhos, entre eles alguns raros, como o Block 42 Kalimna Cabernet Sauvignon, lançado em pouquíssimas safras.

Na safra de 2004, foram produzidas 12 unidades com uma garrafa especial, em formato de ampola, de 750ml. Quatro profissionais estiveram envolvidos no seu desenvolvimento: o escultor de vidro Nick Mount; o soprador de vidro Ray Leake, que com a boca dá forma às ampolas; o ourives Hendrik Forster, responsável pelos acabamentos e acessórios; e o artista Andrew Bartlett, que criou o suporte de carvalho e o gabinete onde é guardada a diferenciada garrafa.

As preciosidades foram vendidas pelo equivalente a 168 mil dólares cada uma. Quem as comprou, quando decidir degustar o vinho, terá direito a uma cerimônia exclusiva: um enólogo sênior da vinícola viajará até o local para abrir a ampola usando uma peça de prata esterlina. Mais do que um vinho, uma experiência excêntrica e extraordinária!

lazaruswine Elaborado con la colaboración de personas ciegas para Lazaruswine Elaboración Sensorial, S.L. en Edra Bodegas y Viñedos   S.L. Nº R.E. 22/40.951-HU / Ctra. A 132 Km 26/ 22800 Ayerbe, Huesca.Vino de la tierra Ribera del Gállego · Cinco Villas España.

2011 LAZARUSWINE "ORANGE LABEL" · 50% MERLOT, 50% SYRAH · A SPANISH-WINE-EXCLUSIVES SELECTION

GOVERNMENT WARNING: (1) ACCORDING TO THE SURGEON GENERAL, WOMEN SHOULD NOT DRINK ALCOHOLIC BEVERAGES DURING PREGNANCY BECAUSE OF THE RISK OF BIRTH DEFECTS. (2) CONSUMPTION OF ALCOHOLIC BEVERAGES IMPAIRS YOUR ABILITY TO DRIVE A CAR OR OPERATE MACHINERY, AND MAY CAUSE HEALTH PROBLEMS.

IMPORTED BY: FRUIT OF THE VINES, INC. LONG ISLAND CITY, NY 11101
RED TABLE WINE · PRODUCT OF SPAIN · CONTAINS SULFITES   750ML℮ · ALC. 13% BY VOL.

Braille
Sensibilidade refinada em busca do vinho perfeito

A preocupação com a inclusão social vem ganhando cada vez mais espaço na cadeia produtiva do vinho. Uma das ações de destaque foi liderada por Antonio Palacios García, professor de enologia da Universidade de La Rioja, na Espanha, que em 1999 iniciou experiências em busca do "vinho perfeito", tanto no aspecto visual como no aromático e gustativo. Para isso, ele convidou profissionais com deficiência visual e, juntos, criaram o Projeto Lazarus Wine, utilizando castas como Syrah, Merlot e Viognier.

García, que também é enólogo da vinícola Edra, constatou que o elevado poder aromático do vinho criado por eles revelava grande sensibilidade desses profissionais para o desenvolvimento de novos processos vínicos. Suas habilidades são aplicadas em todo o ciclo de produção, desde a colheita, passando pela fermentação, até a elaboração final. A proposta é que cada garrafa reflita a pureza dos aromas e os sabores do *terroir*.

O resultado dessa experiência inédita foi batizado de vinificação sensorial, cujo objetivo é valorizar as percepções e sensibilidades de profissionais com deficiência visual na fabricação de vinhos de qualidade. O projeto ficou completo quando a vinícola Edra iniciou uma produção em escala comercial com os rótulos em braille. O design original e sofisticado criado pela empresa Baud foi recompensado com três prêmios internacionais.

Este é um rótulo que ratifica a importância da acessibilidade, que valoriza os múltiplos saberes e a diversidade das pessoas envolvidas, ativos fundamentais e poderosos para o sucesso de qualquer projeto.

CARMEN

— SINCE 1850 —

Gran Reserva

Frida Kahlo

Carmen Gran Reserva Frida Kahlo

O encontro de duas histórias de pioneirismo

Na língua portuguesa, pioneirismo pode estar relacionado a abrir caminhos, ser um desbravador ou descobridor. Na cultura do vinho, o pioneirismo se manifesta de diferentes formas: na escolha de uma região para iniciar a plantação de videiras, no método de elaboração da bebida ou mesmo na forma de comercialização.

Essa história específica tem relação com duas pioneiras em seus segmentos: uma vinícola e uma artista. A primeira é a Carmen, a mais antiga vinícola do Chile, fundada em 1850, e responsável direta pela própria cultura do vinho no país. Desbravadora, lançou uma grande diversidade de rótulos e já recebeu incontáveis prêmios. Em seu *terroir* foi redescoberta a uva Carmènère, considerada extinta na França desde o fim do século XIX e achada em 1994. Foi também a primeira vinícola chilena a cultivar uvas de modo orgânico.

Com tanta criatividade e inovação, a Carmen criou um rótulo para homenagear Frida Kahlo, uma mulher à frente do seu tempo e a segunda pioneira do nosso conto: o Gran Reserva Frida Kahlo, lançado nas versões Carménère e Cabernet Sauvignon.

Nascida em 6 de julho de 1907, em Coyoacán, na Cidade do México, Frida é um ícone feminino, lembrada por suas linhas artísticas surrealistas e autorretratos. No México é reconhecida pela devoção à cultura do país e à herança indígena do continente.

Suas telas são vendidas em leilões por valores altíssimos. O autorretrato "Roots" (raízes, em português) foi arrematado em Nova York, em 2006, por 5,62 milhões de dólares. A obra estabeleceu um recorde no cenário artístico latino-americano, como a mais cara já adquirida em leilão até aquele momento. Pintada em 1943, estampa a figura de Frida como se fosse uma videira em um tronco de árvore, com folhas ramificadas.

O encontro destas duas pioneiras em uma mesma garrafa foi orquestrado pela jovem enóloga Emily Faulconer, que chegou à vinícola chilena para aperfeiçoar a produção da linha premium. O Carmen Gran Reserva Frida Kahlo é uma edição limitada e apresenta um rótulo que junta a força do nome da pintora com a leveza e a vitalidade das flores, uma de suas marcas.

CATENA ZAPATA MALBEC ARGENTINO 2015
Ten Centuries of Life, Death and Rebirth
– Malbec Argentino

Catena Zapata Malbec Argentino

Um rótulo clássico com identidade feminina

A história do vinho descreve momentos singulares e importantes em relação ao papel das mulheres como protagonistas e disseminadoras da cultura da bebida. O pioneirismo feminino pode ser visto tanto na produção como também na vontade de vencer todos os tipos de preconceitos ou obstáculos que surgiram no decorrer do tempo.

O rótulo Catena Zapata Malbec Argentino, criado em 2015, homenageia quatro mulheres por meio da história de resiliência da uva Malbec. Partiu de Nicolás Catena Zapata – responsável pelo grande sucesso dessa casta na Argentina – a ideia de relançar seu vinho ícone. Ele pediu à filha Adrianna Catena para criar um rótulo que simbolizasse a origem da Malbec na França e sua evolução nos *terroirs* argentinos. Adrianna, historiadora e figura importante no mundo do vinho, propôs um rótulo com quatro gravuras femininas, em que cada mulher representasse um diferente momento da Malbec:

- A primeira é Eleanor da Aquitânia (1122-1204), que foi rainha consorte da França e da Inglaterra e duquesa de Aquitânia, expressando o nascimento da uva Malbec em território francês;
- A segunda registra o movimento histórico de imigração dos europeus para o novo mundo;
- A terceira simboliza a filoxera, pulgão que devastou os vinhedos europeus e mudou a história e a geografia dos *terroirs* no mundo;
- Por último, a representação da própria Adrianna Catena, que expressa a continuidade e a renovação da uva graças à vinícola iniciada por seu pai em Gualtallary.

O design do rótulo teve os traços de Rick Shaefer, artista que usa o carvão para compor suas criações, e da empresa Stranger & Stranger, que resumiu o desenho com as imagens femininas na seguinte mensagem: "A jornada visual do Malbec de quase morte na velha França à ressurreição e boa expressão na Argentina".

Uma uva que renasceu e deu novas formas à cultura vínica na Argentina só podia ter identidade de mulher: aquela que se reinventou para dar vida ao expressivo vinho Malbec.

Viñedo
CHADWICK.
2017

CHILE

Chadwick
Passaporte chileno para o mundo dos grandes vinhos

Na cultura do vinho, a palavra tradicionalidade apresenta diversos significados: pode ser definida como algo clássico, consagrado ou até mesmo lendário. A tradição tem um peso importante neste universo, mas acabou em xeque em 1976. Foi quando o britânico Steven Spurrier promoveu o célebre Julgamento de Paris, que entraria para a história ao introduzir os vinhos californianos no circuito internacional: num concurso de degustação às cegas, rótulos da Califórnia venceram renomados vinhos franceses, algo inimaginável naqueles tempos.

O Julgamento de Paris – vamos falar um pouco mais sobre este evento algumas páginas à frente – abriu caminho para outros "corajosos" acirrarem o nível de competitividade entre os vinhos do velho e do novo mundo. Entre eles estava o chileno Eduardo Chadwick, que já neste século desbancou a tradição ao obter o reconhecimento internacional dos seus vinhos.

Inicialmente, ele desenvolveu estratégias para promovê-los em diferentes países, todas sem êxito. Embora seu processo de produção fosse tradicional, a percepção do público em relação aos vinhos chilenos, naquele momento, era de uma indústria nova, com uma jornada internacional provavelmente curta.

Eduardo resolveu quebrar este paradigma. Em 2004, munido de muita audácia, promoveu um evento internacional em Berlim, na Alemanha, chamado The Berlin Tasting, que seguiu os mesmos parâmetros do Julgamento de Paris: botou à prova os seus vinhos, em confronto com grandes rótulos franceses e italianos. Após as degustações, o Chadwick 2000 foi eleito o melhor e entrou para a rota dos grandes vinhos do mundo.

Ele demonstrou, com isso, que a cultura do vinho independe do território, não deve ficar parada no tempo e no espaço. É uma cultura viva, sempre em evolução, que permite um encontro respeitoso entre o tradicional e o novo. Juntos, podem produzir outras formas de fazer, sentir e apreciar o vinho.

CHATEAU D'ISSAN

GRAND CRU CLASSE EN 1855

MARGAUX

Chateau D'Issan
Um símbolo da anexação de Bordeaux ao Império Britânico

Uma das características dos seres humanos é a busca por vínculos afetivos que tragam segurança emocional. A materialização dessa busca ocorre por amizade, relações familiares e a união entre duas pessoas, normalmente representada pelo casamento, uma tradição antiga da humanidade.

Em algumas culturas, o casamento significou o fortalecimento de relações afetivas entre tribos, reinados e grupos sociais. Na Europa medieval, era considerado um modelo para formar e manter alianças políticas e militares. As casas reais e seus membros tinham o entendimento de que o casamento significava pacificação, com estabilidades política e econômica de uma determinada região. Como o que ocorreu no reinado de Henrique II da Inglaterra com a rainha Eleonor de Aquitânia, no período da construção do Império Angevino.

Eleonor era uma das mulheres mais cobiçadas da região de Bordeaux. Rainha da França e da Inglaterra, ela se casou duas vezes, teve oito filhos – dois chegaram ao reinado, Ricardo

Coração de Leão e João Sem-Terra – e morreu monja. Uma figura com uma trajetória nada convencional para aqueles tempos. Transitou da abundância das realezas à abnegação material.

A Aquitânia era um lugar de destaque na comercialização de vinhos, e Bordeaux fazia parte desse território, que ficou anexado por 300 anos ao Império Inglês. A união de Henrique e Eleonor significou, além do casamento, o aumento das transações comerciais e a chegada dos vinhos franceses ao reinado inglês de forma mais intensa.

Há relatos de que o vinho escolhido na celebração do casamento dos dois foi o Chateau D'Issan, que passou a simbolizar poder, expansão territorial e econômica, e também a manutenção da linha sucessória do Império Britânico. Esse vinho, aliás, no fim do século XIX tornou-se o preferido do imperador austríaco Franz Joseph, que inspiraria a criação do lema da vinícola: "*Regum mensis aris que deorum*" (para a mesa dos reis e o altar dos deuses).

CHATEAU MONTELENA

ESTABLISHED 1882

NAPA & ALEXANDER VALLEYS

CHARDONNAY
1973

Produced and Bottled by
Chateau Montelena~Calistoga, Napa Valley, California

Alcohol 13.2% by Volume

Chateau Montelena

O Chardonnay que foi pivô do lendário Julgamento de Paris

No mundo do vinho, alguns especialistas descrevem o século XX como sendo antes e depois da década de 1970. Os vinhos franceses dominavam o mercado até aquele momento. Porém, o ano de 1976 gerou uma revolução com a entrada dos vinhos do novo mundo no cenário europeu e internacional, após o histórico Julgamento de Paris.

Steven Spurrier, um britânico respeitado no metiê do vinho, acolheu a ideia de uma funcionária e promoveu uma degustação em formato de concurso para badalar as vendas e demonstrar que os vinhos americanos do Napa Valley tinham qualidade superior aos franceses. O evento aconteceu no dia 24 de junho de 1976, no Hotel Intercontinental, em Paris, e a banca examinadora foi composta por nove enólogos da elite francesa. Spurrier selecionou seis vinhos americanos e quatro franceses para degustações às cegas. A uva escolhida foi a Chardonnay.

Um dos fatos inusitados desse concurso é que, mesmo tendo ampla divulgação, nenhum veículo de comunicação enviou repórter para cobri-lo. Apenas o jornalista George M. Taber, de forma independente, foi lá conferir: "Eu disse que, se não tivesse nada mais importante para fazer naquele dia, tentaria ir (...) Felizmente não tive nada mais importante e fui à degustação".

Cabe também mencionar que a postura dos juízes no concurso fugiu um pouco às regras comuns nestes eventos. Em vez de pouco ou nenhum diálogo durante cada prova, eles o tempo todo debateram se tratava-se de um vinho francês ou americano, pois ficaram confusos com as semelhanças.

Após as degustações, o rótulo americano com nome francês Chateau Montelena 1973 foi o primeiro colocado. A partir daquele momento, Napa Valley entraria definitivamente para o seleto circuito dos grandes vinhos internacionais.

Em 24 de maio de 2006, Spurrier promoveu novamente o concurso com os mesmos vinhos, agora com jurados americanos e franceses em Napa Valley e em Londres. O resultado foi idêntico ao de 30 anos antes.

O filme "O julgamento de Paris" retrata essa história e é uma boa pedida para os amantes do vinho e da sétima arte.

JOHN HUSTON

In celebration of my beloved friend
Baron Philippe's 60th harvest at Mouton
John Huston

Château Mouton Rothschild ®

1982
ma 60ème vendange *Baron Philippe*
tout en bouteille au Château

APPELLATION **PAUILLAC** CONTROLEE   75 cl

Baron Philippe de Rothschild g.f.a.
PRODUCE OF FRANCE   PROPRIETAIRE

Château Mouton Rothschild

A quinta-essência dos tintos em cobiçadas obras de arte

A filosofia grega foi construída por pensadores para explicar o mundo. Podemos citar Aristóteles, que nasceu em 384 a.C.. Ele foi aluno de Platão e professor de Alexandre, o Grande. Escreveu sobre diversos assuntos, entre eles a criação e a composição do cosmo. Para Aristóteles, o cosmo é formado pela combinação de cinco elementos: terra, fogo, água, ar e éter. Essa quinta substância é chamada de quinta-essência e responsável por todos os elementos que estão na esfera celeste.

Assim como o cosmo de Aristóteles, o universo vínico também apresenta cinco fatores que colaboram na busca de uma melhor qualidade do vinho: solo, clima, casta, tecnologia e, o que podemos chamar de quinta-essência, as contribuições da família do Barão Philippe de Rothschild.

A relação da Família Rothschild com o vinho começou em 1853, quando o Barão Nathaniel de Rothschild adquiriu num leilão o Château Brane-Mouton, em Pauillac, na região de Médoc, na França. Mas o auge e a supremacia do clã com o vinho só ocorreriam décadas mais tarde, em 1922, quando o jovem Barão Philippe de Rothschild, bisneto de Nathaniel, com apenas 20 anos, assumiu a vinícola da família. Suas ações para elaborar um vinho de referência e de alta qualidade tiveram uma visão 360°, com mudanças estruturais tanto na produção como no comércio e marketing dos rótulos de Bordeaux.

O resultado foi o surgimento de novas oportunidades de negócios, como a elaboração de vinhos em outros *terroirs*, seguindo o mesmo padrão de qualidade e incorporando experiência e conhecimentos locais. Isso levou ao fortalecimento de sua marca em diferentes países, tornando-se um império do vinho.

Hoje, a Família Rothschild tem vinícolas na França, no Chile e nos Estados Unidos. Pioneiros, são responsáveis pela elaboração dos famosos Opus One, Escudo Rojo, Almaviva, entre outros.

O Barão de Rothschild foi um inovador também no design dos rótulos do Château Mouton Rothschild, verdadeiras obras de arte, sempre assinadas por personalidades de diferentes segmentos, como pintura, literatura e política, que retrataram momentos ou passagens históricas importantes. Uma estratégia que levou ainda mais valor à marca. Nos leilões, esses vinhos são desejados não só por sua qualidade, mas também pela arte exclusiva dos rótulos e quem os assina – a cada safra é um nome diferente. Entre eles, estão estrelas como Miró, Picasso, Salvador Dalí, Príncipe Charles da Inglaterra, Francis Bacon…

Para ilustrar este conto, escolhemos o premiado Château Mouton Rothschild 1982, com rótulo criado pelo ator e diretor de cinema John Huston, que desde a juventude foi um pintor talentoso. Na arte que fez exclusivamente para seu amigo Philippe, em homenagem à 60ª colheita, ele pintou uma aquarela cheia de cor, que exalta sensualidade. O rótulo retrata a figura de Dionísio, o deus do vinho, em forma de carneiro, dançando entre o sol e uma parreira.

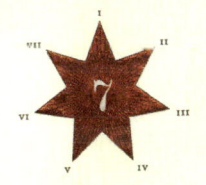

Clos de los Siete

ARGENTINA 2017

by Michel Rolland

14,5% ALC./VOL.   750 mL

Clos de los Siete
Estrela argentina lapidada por sete franceses

Em todos os cantos do planeta, em diferentes épocas, sempre teve quem usasse as estrelas como guia ou tentasse entender o poder do seu brilho. As primeiras observações do céu datam de 3.000 anos a.C., feitas por chineses, babilônios, assírios e egípcios.

Neste longínquo passado, as relações humanas com os astros eram vinculadas à criação de métricas de tempo, como a elaboração de calendários para fins agrícolas, que determinavam períodos dedicados à plantação e à colheita, bem como para a navegação.

Com o passar dos séculos, os astrônomos descobriram que as estrelas surgem nas nebulosas, nuvens formadas por gases e poeira cósmica. A força gravitacional existente nelas e a junção desses elementos dão origem às estrelas.

Na Terra também temos "forças" que contribuem para a criação de estrelas, nesse caso, representadas em vinhos. Em 1988, o renomado enólogo e consultor francês Michel Rolland criou no Vale do Uco, em Mendoza, um projeto chamado Clos de los Siete.

Ele encontrou um lugar com solos do período pré-histórico, um terroir único e especial, que apresentava quatro elementos-chave: composição do solo formado de seixos, argila e areia; clima seco com grande variação de temperatura entre o dia e a noite; vinhas plantadas e cultivadas a 1.200 metros de altitude, o que possibilitava a geração de taninos de alta qualidade; e método de plantação que valorizava a radiação solar local.

Rolland e outros seis parceiros, todos franceses, adquiriram o *terroir* de 850 hectares e construíram quatro bodegas: Monteviejo, Flechas de los Andes, Cuvelier Los Andes e DiamAndes, que formavam um bloco, também conhecido em francês como *clos*. As quatro bodegas juntas são responsáveis pela produção do vinho Clos de los Siete, um corte de várias uvas – o restante da produção é utilizado para outros rótulos das bodegas.

Essa união de sete apaixonados pelo vinho e a localização geográfica "perfeita" foram responsáveis pela criação de um tinto argentino cuja representação é uma estrela de sete pontas. Entre outros significados, simboliza os amigos envolvidos no projeto, bem como o sentido de perfeição do lugar e a magia do vinho em se tornar uma estrela líquida.

MENDOZA · ARGENTINA

CORDERO con PIEL de LOBO

MALBEC 2018

Cordero con Piel de Lobo

Fábulas que contam histórias de vida

No processo evolutivo, homens e mulheres criaram diferentes formas para expressarem seus sentimentos e percepções diante de cada etapa da vida. Representações momentâneas ou eternas podem ser registradas e interpretadas tanto numa perspectiva objetiva como também abstrata.

O esforço de dar forma às abstrações ocorre, por exemplo, em uma pintura, num desenho ou na escrita. A literatura é uma das opções que utilizamos para expressar emoções, seja num romance, crônica, canção, poema, fábula ou outro gênero. Essa pequena história narra o desejo de um enólogo que foi desacreditado por quase todo mundo e, por meio de seus rótulos, construiu uma mensagem de superação.

Em 2009, José Millán sonhou construir uma vinícola, mas as pessoas próximas a ele, além de não acreditarem no projeto, zombaram da sua capacidade de empreender no segmento de vinhos. Ele não se deixou abater e criou em Mendoza a Mosquita Muerta, expressão que em espanhol significa um indivíduo com baixa capacidade para executar atividades mais complexas – alguém sem iniciativa, que no Brasil nós chamamos de "mosca-morta".

Após a produção de várias linhas de vinhos, o enólogo passou a comercializá-las em Buenos Aires e, para surpresa geral, fez grande sucesso com o Cordero con Piel de Lobo (ou cordeiro em pele de lobo, em bom português). Por meio de seus rótulos, todos nomeados e definidos por ele próprio, Millán expressou seus sentimentos. Segundo ele, Cordero con Piel de Lobo, um Malbec *blend*, tem a seguinte interpretação: "Nada é o que parece, a percepção é nossa melhor habilidade. Cuidado com as ovelhas que deixam o rebanho e saem como personagem principal. A ironia é sua melhor qualidade".

Da ironia da Mosquita Muerta nasceu um grande produtor de vinhos e exímio contador de histórias, que precisou se afastar do rebanho para mostrar seu valor.

Susana Balbo
WINES

CRIOS

13 % 750 ml

2019

TORRONTÉS

ARGENTINA

Crios
Vinho que só podia ser produzido por uma mulher

A inspiração para escrever sobre esse rótulo surgiu de uma criativa campanha do Google intitulada "Só podia ser mulher". Narra a experiência de uma menina que, ao ouvir alguém falando a frase na rua, foi pesquisar na internet e se surpreendeu com tantas mulheres que fizeram história, como Shirley Ann Jackson, a primeira negra americana a ingressar no doutorado no MIT, uma das mais prestigiadas universidades do planeta, e a matemática Ada Lovelace, pioneira na programação de algoritmos. A campanha, no fundo, discutia a desigualdade de gêneros. Um exemplo é a afirmação de que homens são melhores nas ciências exatas e mulheres nas humanas, algo sem qualquer fundamento.

O tema nos levou à enóloga Susana Balbo, que na adolescência sonhava ser física nuclear, mas foi impedida por seus pais, que a direcionaram para a enologia. Assim, em 1981, ela foi a primeira mulher a ter a formação de enóloga na Argentina – um cenário que vem mudando, mas até hoje está longe de ser diverso estatisticamente em representatividade de gênero.

Susana é considerada uma mulher à frente do seu tempo e tem inúmeros títulos. Foi eleita presidente da Wine of Argentina por dois mandatos e indicada por seu país para ocupar uma cadeira no W20 (grupo do G20 voltado para o empoderamento feminino). É também embaixadora no Instituto Interamericano de Cooperação para a Agricultura.

Ela criou a linha de vinhos Crios, que expressa a relação que tem com os filhos e sua vinícola: "Eles crescem e amadurecem no decorrer do tempo. Tem que saber esperar!".

O símbolo do rótulo Crios é uma marca pessoal. A mão maior simboliza a matriarca da família, a própria Susana, e as menores, o casal de filhos Ana e José, que também trabalham na vinícola. Em 2019, o rótulo foi redesenhado pela designer Agustina Romero e ganhou medalha de bronze no Harper's Design Awards, concurso internacional que premia a arte gráfica dos vinhos.

DON MELCHOR

CABERNET SAUVIGNON
Puente Alto Vineyard
2016

750 ML D.O. PUENTE ALTO - CHILE ALC.14.5% BY VOL.

Don Melchor
Tempo, o melhor amigo deste tinto chileno

O tempo é um elemento socialmente construído e, por isso, possui distintas interpretações e aplicações. Tempo físico, tempo histórico, tempo vivido, tempo biológico, tempo agrícola, tempo social e tempo geológico são alguns exemplos de tentativas de medidas de um determinado momento ou período, seja no passado, no presente ou no futuro.

No mundo do vinho sua manifestação aparece no tempo da plantação, no tempo do amadurecimento, no tempo da colheita, no tempo da fermentação, no tempo de maturação, no tempo na barrica, no tempo na garrafa, no tempo para abrir a garrafa, no tempo para evoluir na taça e no tempo para degustar.

A representatividade desses tempos pode ser vista em um rótulo como o Don Melchor, nome de um viticultor visionário chileno, que em 1883 iniciou seu projeto no Vale do Maipo, no Chile, com uma plantação de videiras vindas de Bordeaux no terreno de fundos da casa de verão da família.

Passados cem anos, os proprietários e o enólogo da vinícola Concha y Toro visitaram Bordeaux. Conheceram o grande mestre da enologia moderna, Émile Peynaud, e tiveram a oportunidade de apresentar o Cabernet Sauvignon que haviam produzido.

Após a degustação, Émile reconheceu a qualidade e excelência do vinho e juntos decidiram iniciar um trabalho de colaboração no Chile voltado para o desenvolvimento do Don Melchor. Para participar do projeto, foi designado Jacques Boissenot, consultor de alguns dos maiores *châteaux* de Bordeaux.

A primeira safra desse tinto é de 1987 e, de lá para cá, coleciona diferentes premiações. Chegou a receber 100 pontos do crítico americano James Suckling. O que se diz é que a alta qualidade do vinho está relacionada ao tempo de respeito ao passado, ao tempo de amadurecimento lento dos seus taninos e a um olhar para o tempo futuro.

Tempo, tempo, tempo...

El Enemigo

Chardonnay

2018

Mendoza · Argentina · 750 ml

El Enemigo

'A divina comédia' para degustar e se emocionar

Nossas crenças funcionam como um guia, que indicam até onde podemos ir. Elas são construídas ao longo da vida, por meio das experiências, dos processos cognitivos e pelo conjunto de significados que recebemos, trocamos e atribuímos ao mundo e às pessoas. O mais interessante é a relação estabelecida com o cérebro. É ele que codifica as crenças, padronizando-as e criando um sistema de repetição que nos ajuda a controlar as sensações de estresse.

As crenças são importantes para dar significado a nossas ações, relações sociais e valores. Mas uma crença limitante traz um efeito colateral: pode nos paralisar e nos colocar em uma zona de conforto emocional e físico – que, na verdade, é uma zona de medo, de insegurança e de fonte de conflito interno.

O rótulo El Enemigo é um convite à reflexão sobre nossa jornada na vida, das batalhas que travamos contra nós mesmos. Das crenças que geram medo e nos transformam em nosso próprio inimigo. O nome do vinho presta homenagem ao poema épico "A divina comédia", escrito pelo italiano Dante Alighieri no século XIV. O poema é dividido em três partes: o Inferno, o Purgatório e o Paraíso. Nelas, o autor dialoga com diferentes personagens que admirava ou gostaria de confrontar.

Assim como o desenvolvimento e a produção de um vinho, esse poema foi escrito em partes, com tempo de maturação entre elas. O texto foi milimetricamente concebido por meio de uma técnica de escrita conhecida como *terza rima*, em que cada estrofe tem três versos com rimas finais padronizadas.

Em uma interpretação bem nossa, suspeitamos que a concepção do rótulo visava comparar o poema de Dante com o vinho, pois "A divina comédia" teve o objetivo de "tirar aqueles que vivem nesta vida em estado de miséria e levá-los ao estado de felicidade".

Em uma analogia com o vinho, em questão de tempo ele pode nos conduzir a outros mundos e, assim como o poema, mudar estados de espírito. Além disso, a narrativa lembra a devoção pelo conhecimento, a paixão pela filosofia e a própria história, marcas dos idealizadores do El Enemigo, Alejandro Vigil e Adrianna Catena, criadores de uma linha de vinhos ao mesmo tempo irreverente e que respeita a tradição.

Assim surgiu o El Enemigo, um extrato da história, com notas de crenças, aromas de nós mesmos, cor de luta existencial e lágrimas de vida.

GUT OGGAU
MECHTHILD
(WEISS)

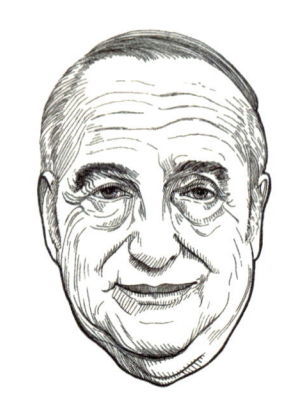

GUT OGGAU
BERTHOLDI
(ROT)

GUT OGGAU
JOSCHUARI
(ROT)

GUT OGGAU
THEODORA
(WEISS)

Gut Oggau

A grande família de vinhos com personalidade própria

Já reparou que há muitas semelhanças na evolução de uma pessoa e de um vinho? Duas características em comum são marcantes: a personalidade e a identidade.

De forma resumida, a personalidade pode ser definida como a expressão dos comportamentos de cada um, como se dão as estruturas do pensamento, dos sentimentos e das ações. Já a identidade se apresenta como a compreensão do sujeito sobre si mesmo e seu posicionamento no mundo em relação às crenças, ao gênero, ao grupo a que pertence, à política, à religião etc. Vale destacar que a identidade é estudada por diferentes aspectos, desde o sociológico até o psicológico, e cada um traz uma perspectiva de análise própria.

A vinícola Gut Oggau, no leste da Áustria, desenvolveu uma linha de vinhos regionais, biodinâmicos, que exaltam a união dessas duas características: personalidade e identidade. A vinícola entende que cada vinho tem uma individualidade.

Seguindo esse raciocínio, a Gut Oggau apostou na

originalidade: contratou o artista Jung V. Matt para elaborar e desenhar dez rótulos com imagens de pessoas de uma mesma família, porém de gerações diferentes e com características próprias. São todos personagens fictícios, que servem para expressar a personalidade de cada um de seus dez vinhos.

As garrafas trazem o nome e o rosto de um personagem na parte da frente e, no verso, um breve perfil com sua história. Os mais velhos são Mechthild e Bertholdi, dois vinhos produzidos a partir de videiras mais antigas. A segunda geração é composta por Joschuari, Emmeram, Timotheus, Wiltrude e Josephine, resultado de vinhedos de exposição direta ao sol, com vinhos de bom corpo. Por fim, estão os mais jovens, os netos Atanasius, Theodora e Winifred, ou seja, os vinhos mais leves.

O perfil de cada um deles, no verso, permite contar a trajetória da família. Winifred, por exemplo, é a filha do primeiro casamento de Timotheus, cuja mãe desapareceu misteriosamente. E assim a história de cada um deles se entrelaça, tal como os vinhos da Gut Oggau.

Nesse caso, podemos dizer que as pessoas foram rotuladas de acordo com o vinho. Ou seria o contrário? Esta é uma boa reflexão. Até porque o rótulo é o início da apreciação de um vinho, que nos permite descobrir suas características por meio da imagem, de informações técnicas e da história.

Juan de LUZ

VINOS DE ALTURA · 1050 MSNM

Grand Blend 2017

MENDOZA ARGENTINA

Juan de Luz
Um mundo melhor através da inclusão social

No decorrer dos séculos XX e XXI a humanidade vem construindo e modificando valores sociais para buscar melhores condições de vida e convívio. A sustentabilidade ganha força e publicidade no mundo inteiro, chancelada inclusive pela ONU, que busca o comprometimento social em prol de um "desenvolvimento que procura satisfazer as necessidades da geração atual, sem comprometer a capacidade das gerações futuras de satisfazerem as suas próprias necessidades".

Isso traz cada vez mais desafios para todos nós e, principalmente, para os governos e empresas, que precisam se comprometer com o desenvolvimento sustentável do mundo e das pessoas. Uma das formas encontradas pelas corporações para se envolver com as questões do planeta foi assumir um compromisso socioambiental, por meio da filantropia e da responsabilidade social ligadas ao seu negócio.

No universo do vinho, uma empresa que segue à risca os mandamentos dessa nova dimensão cultural é a Penedo

Borges Bodega Boutique, localizada em Mendoza, na Argentina. Além de certificada pelo Sistema B (conjunto de organizações localizadas em diversos países que tem como objetivo trabalhar por um sistema econômico mais inclusivo, equitativo e regenerativo), esta vinícola criou o rótulo Juan de Luz para expressar a importância das ações humanitárias e coletivas.

A ideia surgiu a partir de um acordo entre a vinícola e uma empresa local, Vinos de Luz, que desenvolve um projeto de alfabetização da população de baixa renda. O desenho do rótulo retrata o Sr. Juan, mecânico que teve uma perna amputada num acidente e não pôde mais exercer sua profissão. Com o apoio da comunidade local foi construído um triciclo, com uma caixa de ferramentas anexada à estrutura, que possibilitou o retorno de Juan às suas atividades diárias. A parceria contribuiu para transformar uma realidade que estava condenada à desesperança.

Segundo a vinícola Penedo Borges, o vinho Juan de Luz "é elaborado sob um paradigma colaborativo, focado no desenvolvimento humano e social, beneficiando e envolvendo os trabalhadores da vinícola, da vinha e da comunidade".

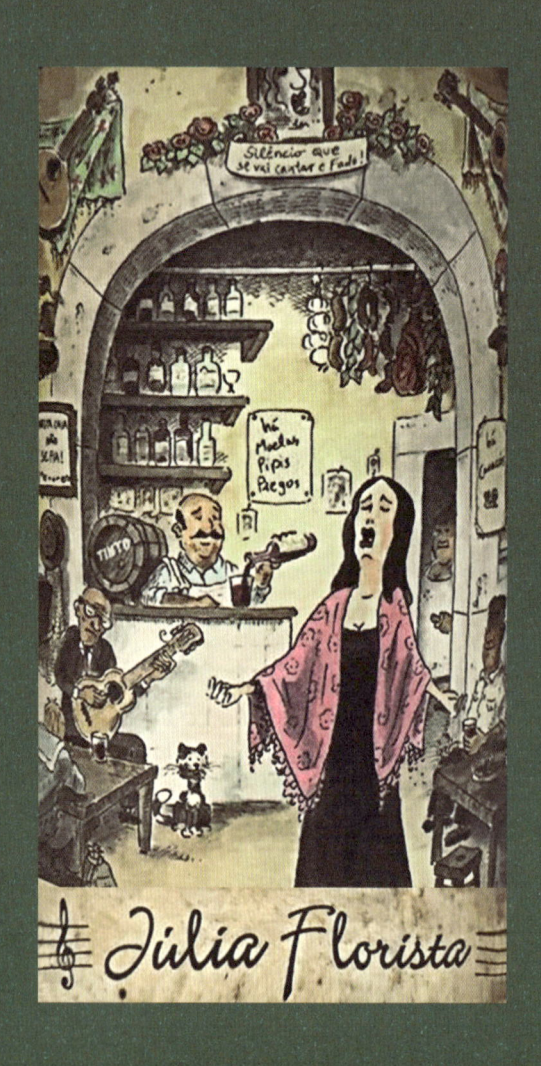

Júlia Florista

Júlia Florista
O vinho com aromas de flores e notas de fado

Em termos sociológicos, a palavra "cultura" apresenta múltiplas definições: é composta por uma infinidade de elementos relacionados entre si. Isso porque, como seres humanos, temos a capacidade de gerar significados mutáveis em relação às coisas, às atitudes, às expressões. Tudo isso, a grosso modo, pode ser compreendido como cultura.

Um elemento cultural de um país pode ser expresso tanto de forma material, algo tangível (uma escultura, uma roupa ou mesmo um vinho), quanto imaterial, intangível, como uma música. Quando apreciados juntos, o tangível e o intangível potencializam e fortalecem uma cultura, além de oferecer momentos de alegria, satisfação e prazer.

A história da florista, que circulava pelas ruas de Lisboa entre o fim do século XIX e o início do XX cantando fado, ilustra tudo isso. A presença marcante daquela mulher inspirou a vinícola portuguesa Vidigal Wines a criar um rótulo em sua homenagem: Júlia Florista.

Nascida em Lisboa em 1883, Júlia vendia flores na Praça de Touros do Campo Pequeno. Ela vivia cantando e despertou a atenção da nobreza portuguesa. Das ruas, a florista passou a cantar em tabernas, casas aristocráticas e no antigo Cassino de Paris. Apesar de ser uma fadista amadora, Júlia se destacou no seleto grupo de intérpretes do país e, já no século XX, teve a oportunidade de gravar pela Odeon dois discos de 78 rotações, que traziam músicas como "Fado paixão", "Fado dos cantadores", "Fado dos pintassilgos" e "O velho fado da Mouraria".

O sucesso de Júlia Florista – ela assumiu o nome artístico – foi tão grande que inspirou os compositores Joaquim Pimentel e Lionel Villar a escreverem uma canção em sua homenagem, interpretada pela ilustre fadista Amália Rodrigues.

Júlia fez com que as flores e seus aromas "polinizassem" a cultura do fado e do vinho por meio de seu dom. Mais do que um diferencial para vender flores, sua voz inspirou um rótulo que uniu as culturas material e imaterial, o tangível e o intangível. E vale lembrar: em 2011, a Unesco declarou o fado patrimônio cultural imaterial da humanidade.

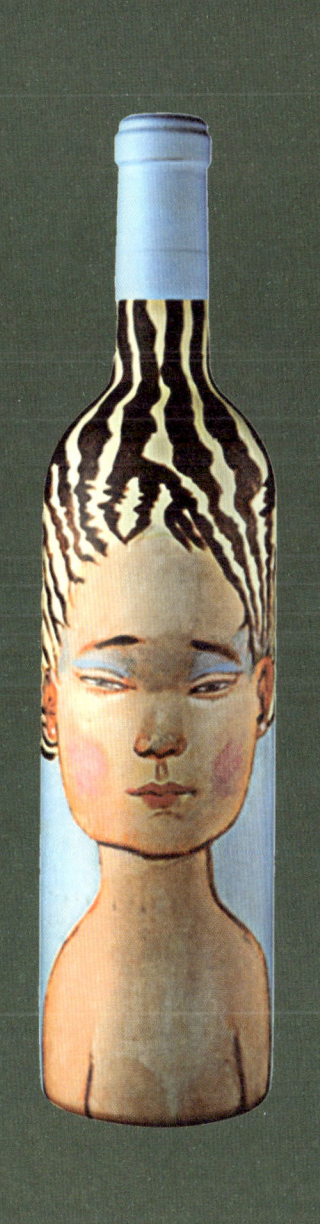

La Piu Belle

A deusa que ilumina os vinhedos e chora lágrimas de alegria

Os contos e as lendas sempre ocuparam espaço nas formas de expressão dos indivíduos e da sociedade, por meio de personagens, figuras, divindades, entre outros simbolismos. No passado, os gregos e os romanos criaram histórias para explicar a formação da Terra, fenômenos naturais e até a enologia.

Os exemplos mais famosos são os deuses Dionísio (na mitologia grega) e Baco (mitologia romana). No imaginário destas duas sociedades da antiguidade, eles foram o protetor das vinhas e dos vinhos, e também são associados às festas, à fertilidade e ao teatro.

Da mesma forma que a cultura do vinho ficou marcada pela figura do deus Dionísio, na atualidade há uma deusa considerada a protetora de uma vinícola. Em 2004, o casal Alex e Carrie Vik, após uma intensa pesquisa nos *terroirs* do Chile, construiu em Millahue, no Vale do Cachapoal, a vinícola Vik. O vinhedo está localizado no sopé dos Andes, em uma área conhecida como Lugar Dourado pelo povo nativo Mapuche.

Inspirado em Freya, uma figura nórdica mítica, o casal Vik criou a lenda de que em seu vinhedo vive a deusa La Piu Belle, que oferece luz ao *terroir* e chora lágrimas de ouro vermelho de alegria. Segundo Alex e Carrie, ela se manifesta através de múltiplas representações, como:

• O sol que ilumina a névoa sobre o Vale Millahue ao amanhecer;
• O frescor das brisas costeiras do Pacífico e das montanhas andinas que resfriam as uvas durante o verão luminescente;
• Suaves chuvas que dão vida às videiras, melhorando e libertando a fragrância da flora e da fauna nativas;
• A complexidade dos solos, o arredondamento das colinas e a beleza dos vales.

Essa criativa lenda deu origem ao vinho La Piu Belle (que significa "a mais bela"), uma homenagem à arte da vinificação. Para representar a magnitude da deusa, o casal Vik resolveu extrapolar o rótulo e convidou o artista chileno Gonzalo Cienfuegos para uma pintura exclusiva na garrafa. Sem dúvida, um vinho além da imaginação!

MIOLO
LOTE 43

MERLOT & CABERNET SAUVIGNON

VINHEDO: **LOTE 43** | SAFRA: 2018

750ml | D.O. DENOMINAÇÃO DE ORIGEM VALE DOS VINHEDOS | 15%vol

VINHO NOBRE TINTO SECO

Lote 43
O território da inovação e do vinho de qualidade

O ápice da imigração italiana no Brasil ocorreu de 1880 a 1930. Entre os italianos que saíram da Europa, cabe destacar Giuseppe Miolo, viticultor da localidade de Piombino Dese, na região de Vêneto, que se estabeleceu na Serra Gaúcha.

Giuseppe adquiriu uma área de 24 hectares, descrita na escritura da propriedade como "Lote 43 da Linha Leopoldina". Sua ideia inicial era cultivar uvas americanas, híbridas e plantadas em tipo latada – sistema em que as videiras crescem em sentido horizontal, formando uma espécie de pérgola. Essa característica permaneceu por várias décadas e sustentou sua família.

A partir dos anos 1970, a família investiu no processo de melhoria da produção e da qualidade dos vinhos e substituiu as vinhas americanas por europeias, como a uva Merlot. Em 1989, foi criada a vinícola Miolo em homenagem a Giuseppe Miolo. As terras são as mesmas que ele utilizou quando chegou ao Rio Grande do Sul. A criação da Miolo foi um marco na elaboração de novos métodos na produção de vinhos na Serra Gaúcha, contribuindo assim com a região para a obtenção do selo D.O. (Denominação de Origem) no Brasil.

O Lote 43 surgiu no fim da década de 1990 e representou uma mudança de patamar nos vinhos produzidos pela Miolo. Os rótulos das safras 1999 e 2002 foram elaborados com vinhedos plantados ainda na década de 1970. Já os das safras posteriores são de vinhedos modernos, com mudas certificadas, método espaldeira – em que as videiras são alinhadas em sentido vertical, em fileiras paralelas – e usando as mais modernas técnicas mundiais.

Além da homenagem a Giuseppe, o Lote 43 significa ousadia e a visão empreendedora do patriarca da família de viticultores que inovou e contribuiu com a elevação da qualidade e da personalidade do vinho brasileiro.

Syrah
2013

Maria Maria

AGDA

Vinho Fino Tinto Seco
Colheita de Inverno
Sul de Minas Gerais

750ml   14% vol

Maria Maria
É preciso ter força, é preciso ter raça, é preciso ter gana

Na vida atribuímos significados a tudo que fazemos, seja através de palavras ou sentimentos. Construímos uma narrativa, voluntária ou involuntária, criando um caminho mágico de sentido para as coisas em geral. É a forma pela qual lidamos com as nossas idiossincrasias e com a percepção de realidade.

O vinho recebe essa mística quando fica pronto, pois representa o encontro dos significados de todos que participaram da sua produção e daqueles que vão apreciá-lo. E aqui não falamos apenas de história, mas de desejo, sonho, desafio, alegria, tristeza, raça, força, fé e gana de vencer. Como uma garrafa pode carregar um mundo de emoções e, ao ser aberta, tantas outras podem ser (re)criadas?

Seguindo essa ideia, o mineiro Eduardo Junqueira Nogueira Júnior imaginou um vinho com múltiplos significados. Em 2006, ele começou a plantar vinhas na fazenda de café da família, no sul de Minas. Para lidar com as adversidades ambientais, e como se tratava de uma propriedade que não estava preparada para receber parreiras de uva, Eduardo recorreu a Murilo de Albuquerque Regina, especialista da Empresa de Pesquisa Agropecuária de Minas Gerais. Juntos, implementaram a dupla poda, ação que altera o ciclo natural de uma videira, deslocando o período de maturação para o outono e o inverno.

Quando as parreiras ainda estavam sendo plantadas, Eduardo recebeu a visita do amigo e cantor Milton Nascimento, seu conterrâneo. Após conhecer o projeto, Milton disse: "Eduardinho do céu, você é doido! Nunca ouvi falar em plantar uvas aqui no sul de Minas".

Imbuído de um sonho e de muita determinação, ele fez acontecer o improvável. Não sabemos ao certo se Eduardo respondeu a Milton cantarolando uma de suas músicas mais famosas. O fato é que ela se tornou emblemática na história da vinícola mineira: "Mas é preciso ter força, é preciso ter raça, é preciso ter gana sempre...".

Surgia assim o nome da premiada linha Maria Maria, inspirada na canção homônima composta na década de 1970 por Milton Nascimento e Fernando Brant para representar todas as mulheres brasileiras, fortes e místicas. Desde então, Eduardo passou a homenagear em cada rótulo as mulheres da sua família, dando-lhes nomes aos vinhos: sua bisavó Agda, sua tia-avó Ada, sua cunhada Anne e assim por diante.

Marlborough Sun

PRODUCED IN NEW ZEALAND   EDITION 12

2016 Sauvignon Blanc

Ty Fitzgerald: Feature Winewriter

The combination of high sunshine hours and exceptionally good quality wines have caused quite a stir recently in the Marlborough region. An unusual occurrence has begun appearing in local fields and pastures.

Several witnesses have reported seeing fully-grown adults streaking, or more commonly referred to by the locals as engaging in 'nudie runs'. Experts agree that a return to our infant roots by the dishevelling of clothes and adorning of one's

birthday suit can reduce stress, increase blood flow and provide hours of entertainment. It is however advised that discretion is used when venturing out in the buff as it could mean ending up on the wrong side of the law.

Produced and bottled by Marlborough Valley Wines Ltd., Liverpool Street, Riverlands Estate, Marlborough.

Marlborough Sun
*O rótulo perfeito para
os curiosos e desinibidos*

Um dos interesses da sociologia e do marketing é estudar os diferentes modos de vida da sociedade por meio de aspectos culturais e comportamentais. Essas características podem ser traduzidas como "estilo de vida".

Sem muito rigor, podemos entender um estilo de vida por meio de três princípios:

- Característica de um conjunto de indivíduos que cria padrões homogêneos de opiniões, interesses e atitudes;
- Valores que continuam de geração para geração;
- Estilo globalizado, mas com suas especificidades locais.

Um exemplo de estilo de vida é o naturismo, conjunto de ideias que pregam o retorno à natureza como a melhor maneira de se relacionar com o mundo. Entre as práticas desse modo de viver está o nudismo. E como este é um livro sobre vinhos, você já deve estar curioso sobre como os dois assuntos se misturam...

Em 1986, surgiu na Nova Zelândia a vinícola Marlborough Sun. Fica localizada na maior região vínica do país, Marlborough, terra dos famosos Sauvignon Blanc e também onde é comum o nudismo, prática incentivada para aproveitar o sol e degustar um vinho branco. A vinícola estampou em seus rótulos imagens divertidas e irreverentes de pessoas nuas em meio à natureza, como se fossem reportagens de um fictício jornal.

Os rótulos fazem tanto sucesso que em 2019 uma loja de vinhos ucraniana, a Bad Boy Liquor, promoveu um concurso de fotografias para os seguidores de sua rede social. O desafio era reproduzir, de forma criativa, algum rótulo da vinícola. O prêmio não poderia ser melhor: 50 garrafas do Marlborough Sun.

O lema da vinícola resume o estilo de vida proposto: "Levamos o que fazemos a sério, mas não a nós mesmos. Então sente-se, relaxe com uma taça, perca essas inibições e viva um pouco no sol de Marlborough!".

12,5% Vol.   PRODUCIDO EN ESPAÑA   CONT. 75 cl.

HEREDEROS DEL
MARQUÉS DE RISCAL
ELCIEGO (ÁLAVA)
RIOJA
DENOMINACIÓN DE ORIGEN CALIFICADA

RESERVA

1991

MARCA CONCEDIDA. MARQUE DEPOSÉE. TRADE MARK. SCHUTZMARKE
EMBOTELLADO POR VINOS DE LOS HEREDEROS DEL MARQUÉS DE RISCAL, S.A. ELCIEGO (ÁLAVA)

SOCIÉTÉ PHILOMATHIQUE

XIIIᵉ EXPOSITION DE BORDEAUX
NATIONALE INTERNATIONALE UNIVERSELLE

DIPLÔME D'HONNEUR

1895

Marqués de Riscal
Um tinto espanhol com sotaque francês

Esse rótulo nos convida a falar da importância dos vinhos franceses na Espanha. Para isso, temos que voltar ao século XIX, justamente no período histórico da filoxera, praga que devastou os vinhedos europeus. Após as perdas em Bordeaux e em outras localidades francesas, os agricultores decidiram plantar vinhas americanas e fazer enxertos com suas principais cepas. Mas como esse processo seria demorado, alguns produtores optaram por investir em vinhedos na Espanha que não tinham sido atacados pela filoxera.

Entre eles estava o empresário, diplomata e escritor espanhol Camilo Hurtado de Amézaga, que à época morava em Bordeaux. Porém, em 1878, após a morte de seu pai, Guillermo Hurtado de Amézaga, o celebrado Marquês de Riscal, Camilo recebeu de herança um conjunto de propriedades na cidade de Elciego, incluindo uma vinícola, que batizou com o título de nobreza do pai.

Ele então retornou à Espanha e foi o responsável por levar

para Rioja a essência e a criação dos vinhos de Médoc, em Bordeaux. Camilo optou pelas técnicas francesas e se tornou o primeiro produtor na região a utilizar barricas no processo de fabricação.

O investimento e o pioneirismo renderam prêmios, e seu vinho se tornou o preferido da família real espanhola. Em 1895, recebeu da Sociedade Filomática de Paris o diploma de honra na Exposição de Bordeaux – foi o primeiro vinho não francês agraciado com a honraria.

As ideias de Camilo acompanham sua vinícola até hoje. Na propriedade há dois espaços que merecem destaque. Um é a adega conhecida como La Catedral, que retrata o passado e a evolução histórica da vinícola e onde estão objetos pessoais do Marquês de Riscal. Lá também estão armazenadas garrafas com todas as safras produzidas pela vinícola. O segundo conta a história da empresa no século XXI, com a criação da Cidade do Vinho, um complexo com arquitetura arrojada, assinado por Frank O. Gehry. Nela se localiza o conjunto de vinícolas Herderos de Marqués de Riscal e um hotel.

O rótulo clássico do Marqués de Riscal estampa premiações importantes, entre elas o diploma recebido na Exposição de Bordeaux. E uma curiosidade: a rede de fios dourados que envolve a garrafa passou a ser usada ainda no século XIX como forma de proteger o vinho de falsificações.

Montes Alpha®

Cabernet Sauvignon

2018

D.O. VALLE DE COLCHAGUA

ESTATE BOTTLED · PRODUCT OF CHILE

PRODUCED AND BOTTLED BY MONTES S.A. COLCHAGUA CHILE

Montes Alpha
Sob a proteção dos anjos, um Cabernet Sauvignon premium

A crença é uma construção psicológica importante e necessária em um ambiente em transformação. Às vezes, até mesmo a espiritualidade pode ser um elemento chave de motivação para alcançar um objetivo. Como aconteceu na história desse Cabernet Sauvignon.

Movidos por um sonho e estimulados por um desafio, quatro amigos criaram o primeiro vinho premium do Chile. Porém, eles viviam em um cenário econômico em plena transformação. Na década de 1980, o Chile ainda estava sob ditadura militar, mas passava por uma abertura econômica, um momento também da expansão de vinícolas que enxergavam no mercado exterior uma janela de oportunidades.

Em 1987, Aurélio Montes, Douglas Murray, Alfredo Vidaurre e Pedro Grand abriram no Vale de Colchagua a vinícola Discovery Wine, que mais tarde passaria a se chamar Montes Alpha. Acreditando no potencial da região, e após vários testes, eles atingiram a meta planejada: lançaram o vinho premium Montes Alpha Cabernet Sauvignon. Alpha, aliás, é a letra que inicia o alfabeto grego e tem valor numérico de 1. Esse rótulo foi o primeiro, de fato, criado pelos amigos e também o primeiro premium chileno a ser exportado. Alguns especialistas o classificam como o "Bordeaux chileno".

O anjo que estampa o rótulo do Montes Alpha, e que se tornou símbolo da vinícola, foi criação do sócio Douglas Murray, resultado de uma crença particular. Entre a adolescência e o início da fase adulta, ele quase morreu afogado por duas vezes e sofreu três acidentes de carro – em um deles, o veículo teve perda total. Douglas passou a crer que anjos da guarda o protegiam. Desde então, figuras de anjos ilustram não só o rótulo do Montes Alpha, mas também os de outros vinhos da produtora chilena.

Morse Code
Padthaway
Chardonnay
2009

Morse Code
Homenagem aos primórdios da comunicação digital

O ser humano é marcado pela necessidade de comunicar a sua percepção de mundo, os seus desejos, angústias e sentimentos. As primeiras formas de comunicação eram rudimentares, por meio de gritos, gestos, símbolos e sinais, bem como as escritas rupestres na pré-história. No decorrer do tempo, a sociedade desenvolveu estratégias e ferramentas para melhorar e potencializar a comunicação.

Na primeira metade do século XIX um cientista chamado Samuel Morse criou um sistema de linguagem que tinha como parâmetros dois itens: um aparelho chamado telégrafo e códigos, em que pontos e traços, representados por sons curtos e longos, significavam letras e números. Assim, era possível transmitir mensagens.

Esse conjunto de símbolos foi chamado de código morse, que pode ser entendido como o primeiro meio de comunicação digital, já que é binário. Mas qual a relação da comunicação com o vinho?

No caso da vinícola Henry's Drive Wines, no sul da Austrália, tem tudo a ver. Ela foi fundada em 1992 pelo casal Kim e Mark Longbottom. Henry´s Drive era o nome do proprietário de um serviço de ônibus do século XIX que entregava correspondências e operava uma rota no lugar onde hoje fica a vinícola. Por isso, todos os rótulos são vinculados a serviços postais, como The Postmistress, The Scarlet Letter e Pillar Box (o nome de uma caixa de correio independente).

Para homenagear o código morse, a vinícola encomendou à empresa Parallax Design um rótulo que remetesse ao primeiro sistema de correio eletrônico. Assim surgiu a linha de vinhos Morse Code. Que tal você agora tentar ler o que está escrito na garrafa?

W. & J. GRAHAM'S
ESTABLISHED 1820

Ne·Oublie
Very Old Tawny Port

PRODUCT OF PORTUGAL · PRODUTO DE PORTUGAL
BOTTLED BY / ENGARRAFADO POR
SYMINGTON FAMILY ESTATES, VINHOS, LDA. VN. GAIA

℮ 75cl 20% vol.

GRAHAM'S
PORT
Ne·Oublie

Ne Oublie
Da Escócia a Portugal, um legado que atravessou três séculos

A cultura do vinho pode ser entendida a partir de duas dimensões: universal e particular. Universal porque há um vocabulário próprio e padronizado, além das técnicas e hábitos tradicionais passados de geração para geração e aplicados em todos os *terroirs* do mundo. Particular, porque cada região vinícola tem as suas especificidades, sejam elas no tipo de uva ou no processo de fabricação do vinho. Com o tempo, cada geração vai incrementando o universal e o particular. Cabe à atual manter viva a cultura. Esse movimento das tradições pode ser chamado de legado.

O rótulo Ne Oublie relata a história de uma família e o seu legado através do tempo. Tudo começou no século XIX, quando um jovem escocês de 18 anos, Andrew James Symington, foi trabalhar na empresa Graham's, cujo lema era "Ne oublie", que numa tradução livre significa "não esqueça".

Em 1920, Andrew tornou-se sócio da Warre's & Co. e comprou quatro pipas (barricas de madeira) de vinho do Porto da safra 1882, ano em que deixou a Escócia e foi para Portugal. Ele guardou as pipas no Douro. Em 1939, Andrew James morreu e sua família manteve as pipas de vinho intocadas por quase 40 anos.

A Graham's acabou comprada pela família Symington em 1970 e as quatro pipas foram reduzidas a três barricas, devido ao que é chamado de "cota dos anjos", percentual de perda devido à evaporação natural da bebida.

Em 2014, a família decidiu engarrafar uma barrica. O vinho, oportunamente, ganhou o nome de Ne Oublie, o antigo lema da Graham's. Foram produzidas 656 garrafas – vendidas a 5.500 euros cada – e outras cem amostras para degustação. As garrafas, por sinal, vêm dentro de um sofisticado estojo de couro e são um luxo à parte: remetem a um decanter, com as informações do rótulo na tampa.

As outras duas barricas, por opção dos Symington, não foram engarrafadas. Esta decisão vai ficar para depois de 2025. Um legado que caberá à nova geração da família.

BODEGA NORTON

Desde 1895

D.O.C.

LUJÁN DE CUYO
DENOMINACIÓN DE ORIGEN CONTROLADA

MALBEC

Mendoza 2015 *Argentina*

La distinción DOC certifica a través de un consejo de especialistas, que las uvas sólo provienen de un terruño en particular: Luján de Cuyo.

Norton D.O.C.
Vinho argentino com identidade inglesa e espírito austríaco

Quando pensamos em inovação e tecnologia, a Segunda Revolução Industrial, na última metade do século XIX, representa um dos momentos mais marcantes da evolução humana. Podemos citar como exemplo importante a invenção da locomotiva a vapor, que garantiu melhoria na mobilidade das pessoas, diminuição no tempo de viagem, ampliação da produção e distribuição de mercadorias, criação de novas cidades e aproximação de povos, entre outros inúmeros benefícios.

Um momento singular ocorreu no fim do século XIX na América do Sul, época áurea das locomotivas. Argentina e Chile construíram uma ferrovia ligando os dois países, a partir de Mendoza até a cidade de Santa Rosa de Los Andes, num trecho de 248 quilômetros.

Para comandar o projeto da Ferrovia Transandina, foi contratado o engenheiro inglês Edmund James Palmer Norton. Experiente, ele conseguiu realizar a obra em um terreno extremamente difícil e acidentado, que em alguns trechos chega a

3.200 metros de altitude, como o Túnel Cumbre, na fronteira entre os países.

Envolvido no trabalho na região, Norton se encantou pelos *terroirs* de Mendoza. Assim, em 1895, com seu espírito empreendedor, comprou terras e fundou a vinícola Norton, na cidade de Luján de Cuyo, na província de Mendoza. Para iniciar o plantio, importou vinhas da França.

Mais de cem anos depois, em 1989, o empresário austríaco Gernot Langes-Swarovski, dono da fábrica dos famosos cristais Swarovski, adquiriu a Norton, potencializando ainda mais os vinhos produzidos nesse *terroir*.

Hoje, especialmente por seu pioneirismo na viticultura argentina, a marca garantiu um lugar no mundo do vinho, e tem rótulos de prestígio, como o Norton D.O.C., um Malbec premiado. E nós ousamos dizer que por trás de um grande empreendedor há sempre uma taça de vinho. Nesse caso, uma vinícola inteira!

BRACCOBOSCA

gran ombú

CABERNET FRANC
2018

Ombú
A planta solitária que reviveu em meio às videiras

A vinícola familiar Bracco Bosca surgiu em 2005 e está situada na região de Atlántida, a 45 quilômetros de Montevidéu. Quando a propriedade foi adquirida pelo casal Darwin Bracco e Mirtha Bosca havia uma planta, em formato de arbusto, chamada ombú. É uma espécie típica dos Pampas e do Uruguai, que chama a atenção por seu porte: chega a 30 metros de altura, com troncos de até três metros de diâmetro.

As culturas gaúcha e uruguaia criaram algumas histórias sobre o ombú. Uma delas fala de sua madeira, esponjosa e fraca. Segundo uma lenda regional, tal característica demonstraria um desejo de Deus para que não fosse usada na crucificação dos justos. Outra história diz que o local em que o ombú se desenvolve indica fertilidade do solo.

Uma terceira fábula, essa mais saborosa, é contada pela própria família Bracco Bosca. Os antigos proprietários da terra, chamados de *gallegos*, tinham medo de manter suas riquezas nos bancos locais. Eles então construíram um esconderijo sob o ombú para guardar moedas de ouro. Quando alguém da família saía para fazer compras, surgia a seguinte piada: "Ah, você recebeu dinheiro do ombú!". Por conta destes metais escondidos junto à planta, é também atribuída ao ombú a função de para-raios.

Diante de tantas histórias, a família Bracco Bosco manteve em suas terras o solitário e magnífico ombú. Até que um dia a planta foi atingida por um raio e perdeu as folhas – botando por terra a lenda do para-raios. Com a fundação da vinícola em 2005, a árvore se revigorou e voltou a ficar frondosa, tornando-se o xodó da família.

Em 2016, quando Fabiana Bracco e seu marido Edison Viroga assumiram o controle da Bracco Bosco, criaram a linha de vinhos Ombú. São tintos e brancos, feitos com Cabernet Franc, Syrah, Petit Verdot, Sauvignon Blanc e, claro, Tannat, a uva típica do Uruguai.

1997

OPUS ONE

ROBERT MONDAVI

BARON PHILIPPE DE ROTHSCHILD

13.5% alc/vol 750 mL

Opus One
Quando as culturas do velho e do novo mundo se encontram

O rótulo Opus One nasceu num lugar improvável para o mundo do vinho: o Havaí, arquipélago com 19 ilhas e atóis, considerado um dos paraísos do planeta, referência em práticas esportivas e diversão, com natureza exuberante e o vulcão mais ativo do planeta, o Kilauea; ou seja, quando se fala no Havaí, vinho é a última coisa em que pensamos.

A ilha, todos concordamos, é um lugar perfeito para férias. E por uma incrível coincidência, na década de 1970, dois ícones associados à casta Cabernet Sauvignon escolheram o arquipélago para descansar no mesmo período: o Barão Philippe de Rothschild, personagem que já apareceu em outros contos deste livro, e Robert Mondavi, enólogo dono de uma vinícola que leva seu nome, uma das mais importantes da Califórnia.

Do encontro nasceu uma amizade que proporcionou, anos depois, a fusão da cultura do Napa Valley (novo mundo) com a de Bordeaux (velho mundo) e a criação da vinícola Opus

One. A iniciativa da parceria surgiu numa visita que Mondavi fez a Rothschild, na França.

O nome do vinho foi inspirado na arte e na exclusividade. A palavra *opus* – que em latim significa "obra" – está relacionada à paixão dos dois pela música clássica. Na ópera, opus é utilizado por compositores para referenciar a cronologia da sua composição. Já a palavra *one* refere-se ao vinho único, número um. No rótulo, significa a primeira obra – não é à toa que foi o primeiro vinho americano a custar mais de 100 dólares.

O rótulo apresenta a silhueta dos dois criadores desta obra-prima. Na primeira safra, de 1979, o vinho teve 80% de Cabernet Sauvignon, 16% de Cabernet Franc e 4% de Merlot. Foram 24 meses em barrica nova de carvalho francês. No decorrer do tempo, a composição do vinho sofreu pequenas alterações. A safra de 2016 é 77% de Cabernet Sauvignon, 8% de Petit Verdot, 8% de Merlot, 5% de Cabernet Franc e 2% de Malbec. E ficou 18 meses em barrica nova de carvalho francês.

Independentemente da composição, o encanto pelo Opus One vem desde o seu lançamento. Num leilão realizado em Nova York em 1981, uma caixa com 12 garrafas da primeira safra foi arrematada por 24 mil dólares, na época um recorde para vinhos norte-americanos.

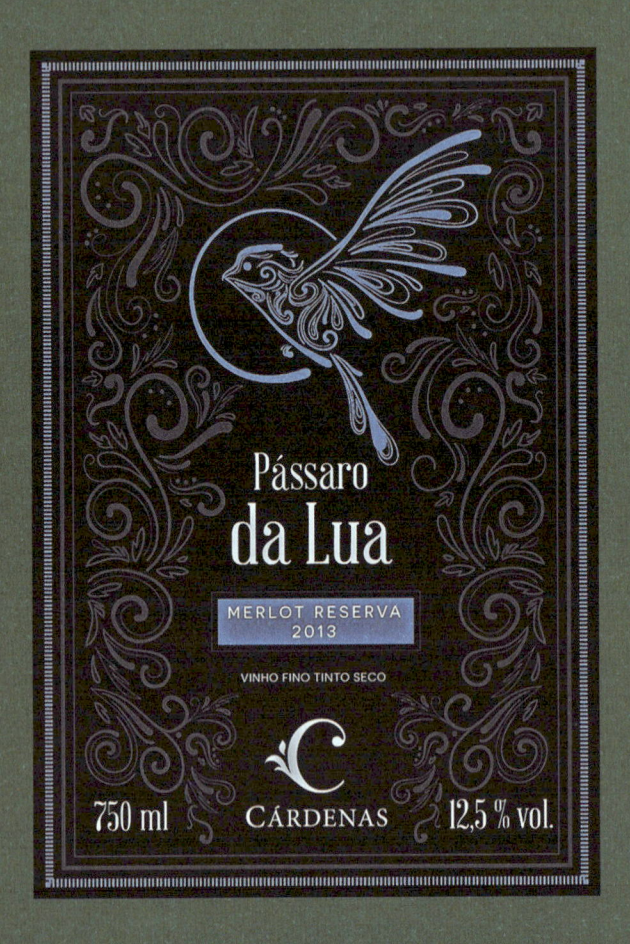

Pássaro da Lua

MERLOT RESERVA
2013

VINHO FINO TINTO SECO

CÁRDENAS

750 ml   12,5 % vol.

Pássaro da Lua
A ave fantasma que deu origem a um vinho elegante

A história do rótulo produzido pela vinícola Cárdenas, da cidade gaúcha Mariana Pimentel, traz uma narrativa que mistura realidade e imaginação. Ainda na infância, Renato Cárdenas, atual proprietário da empresa, costumava se aventurar com os irmãos pelas terras da família, e um pássaro sempre intrigava o grupo. Segundo eles, era difícil de vê-lo, porque parecia um camaleão, com uma camuflagem perfeita: suas penas se confundiam com troncos ou pedaços de pau de cerca.

O grande desafio dos irmãos era quebrar o disfarce do pássaro. Para isso adotaram uma estratégia sempre que o avistavam: fingiam ser estátuas, uma forma de também se disfarçarem. Para eles, crianças curiosas, a ave era um achado, uma verdadeira descoberta dos aventureiros mirins. Mas tratava-se do urutau, mais conhecido como mãe-da-lua ou pássaro da lua. Em tupi-guarani, a tradução de urutau é fantasma, justamente devido à dificuldade de ser avistado.

Este pássaro guarda pelo menos três lendas, vindas de povos diferentes. Escolhemos contar a fábula boliviana, que relata o amor proibido da filha de um cacique por um guerreiro da mesma tribo. Quando o pai da índia descobriu o romance, ficou enfurecido de ciúme e matou o jovem índio. Desesperada com o desaparecimento do amado, a jovem entrou na selva para procurá-lo e o encontrou morto. Sabendo que fora seu pai, disse a ele que contaria tudo para a tribo. Diante da ameaça, o cacique transformou a filha em uma ave noturna. Durante as noites, ela voa e chora a morte de seu amado, com um canto triste e melancólico.

A criação do rótulo demorou mais de um ano. O próprio Renato fez os primeiros esboços, posteriormente finalizado por um desenhista profissional. Os contornos remetem aos movimentos do vento e do pássaro da lua. O resultado é um rótulo elegante e sóbrio.

Pêra-Manca

VINHO BRANCO 2009 ÉVORA-ALENTEJO

Pêra-Manca
O vinho tinto que descobriu o Brasil

Podemos entender a escrita como um ato de representação e expressão do pensamento, que surgiu aproximadamente no ano 4.000 a.C., na Mesopotâmia. Na antiguidade, poucas pessoas tinham o domínio para escrever textos, registrar acontecimentos, redigir legislações, descrever paisagens e eventos relacionados ao próprio desenvolvimento humano.

O responsável pela arte de traduzir o pensamento em palavras era chamado de escriba e gozava de grande prestígio na sociedade. Graças a eles foram elaborados manuscritos que contam a evolução da sociedade no decorrer do tempo.

Nos dias atuais, alguns pergaminhos e manuscritos antigos têm enorme valor histórico. No Brasil, é famosa a carta do escrivão da armada de Pedro Álvares Cabral, Pero Vaz de Caminha, ao rei de Portugal, Dom Manuel I, em que descreveu a chegada dos lusitanos ao território brasileiro.

O documento de 1500, batizado de "Carta do achamento do Brasil", relata o primeiro contato dos portugueses com o povo local, seus costumes, comportamentos, o que comiam, utensílios de que dispunham, entre outras informações que Caminha achava importante relatar a sua alteza.

Um dos trechos curiosos da carta é a oferta de uma taça de vinho pelos navegantes aos nativos. Era um costume português, que já tinha sido usado em territórios da África e da Índia. Alguns historiadores dizem que o rótulo em questão foi o Pêra-Manca. Mas como esse vinho conseguiu compor a frota de Cabral?

Não há data precisa sobre sua primeira safra, porém há registros de que o Pêra-Manca começou a ser produzido ainda no período medieval, por volta de 1300, em Évora, cidade localizada na Região do Alentejo. Outros relatos dizem que o início se deu nos séculos XV e XVI, em uma localidade onde ocorriam romarias e passeios religiosos. Ali havia uma igreja e, mais tarde, foi construído um convento de frades chamado Espinheiro da Ordem de São Jerônimo. Os frades, então, começaram a cultivar uvas e produzir vinhos.

Nos arredores do convento existiam imensos monumentos em granito do período neolítico, que davam a sensação de não estarem firmes, criando uma percepção de pedras soltas, instáveis, ou "mancas". Os frades, então, batizaram o vinho de Pêra-Manca, que significaria algo como "pedras soltas que mancam e rolam".

A inspiração para a criação do rótulo foi um desenho utilizado em uma antiga campanha publicitária. A cena mostra um cavaleiro medieval, na rua de uma vila, cortejando uma mulher, que lhe entrega uma taça de vinho.

Até a safra 2001 a imagem do rótulo era colorida. A partir daquele ano, a Fundação Eugénio de Almeida (FEA) – dona da marca desde 1987 – optou por um design que sinalizasse a evolução e a contemporaneidade do lendário vinho português. Para isso, convidou a empresa Albuquerque Designers para desenvolver o projeto com o ilustrador inglês Bill Sanderson, especialista em água-forte, um tipo de gravura que usa matriz de metal. Assim nasceu o rótulo que conhecemos hoje, em preto e branco, e com tipografia clássica, no qual se destaca em vermelho apenas o nome Pêra-Manca.

CHAMPAGNE PETERLONGO
BRUT
Elegance
BLANC DE BLANCS
CHAMPAGNE BRANCO BRUT

Peterlongo
Champanhe brasileiro com muito orgulho

Imigrante italiano que chegou ao Brasil em 1878, Manoel Peterlongo tem vínculos importantes com a cidade de Garibaldi, no Rio Grande do Sul. Engenheiro de formação, ele foi um dos responsáveis pela medição da área que se destinaria ao município gaúcho, estabelecendo seu traçado urbano e rural em 1890.

Mas um hobby o tornou mais conhecido em Garibaldi: Peterlongo começou a fazer experimentos no porão de sua casa, fabricando vinhos e espumantes para consumo próprio. Sua pequena produção de espumantes, pelo método tradicional, tornou-se disputada por parentes e amigos.

Até que em 1913, na 1ª Exposição de Uvas de Garibaldi, o Moscato Typo Champagne feito por Peterlongo foi condecorado com uma medalha de ouro. Nascia assim o primeiro registro oficial de um espumante no Brasil. E Garibaldi, que hoje conta com mais de 20 vinícolas, passaria a ter sua identidade cultural e turística associada ao espumante.

A fama do "champagne" de Manoel Peterlongo começou a se espalhar e em 1915 foi criada oficialmente a Casa Peterlongo. Com sua morte, em 1924, quem assumiu os negócios foi o filho Armando, que fundou a Associação Comercial de Garibaldi.

Na década de 30, foi inaugurada a Vinícola Armando Peterlongo, com mais de dez mil metros quadrados, a maior construção do gênero na América Latina. Armando se destacou pelo pioneirismo na contratação de mulheres e pelo pagamento de salário-mínimo e encargos trabalhistas antes de serem obrigatórios.

Um decreto assinado em 1932, no primeiro governo do presidente Getúlio Vargas, visava proteger e fomentar a indústria nacional de vinhos. Gaúcho, Vargas costumava visitar cidades produtoras, onde provava e recomendava o "champanha nacional". Um dos mais famosos do Brasil, o espumante da Casa Peterlongo se tornou a bebida servida nas cerimônias oficiais do país por muitos anos, inclusive na visita da Rainha Elizabeth II, em 1968.

Foi também nos anos 1960 que produtores franceses da região de Champagne entraram com um processo contra vinícolas brasileiras por usarem o termo "champagne". A decisão foi parar no Supremo Tribunal Federal, que na década seguinte autorizaria apenas quatro vinícolas a manter essa denominação em seus espumantes, entre elas a Peterlongo, atualmente a única com a concessão para usar o nome champagne na comercialização de seu rótulo no Brasil.

1969

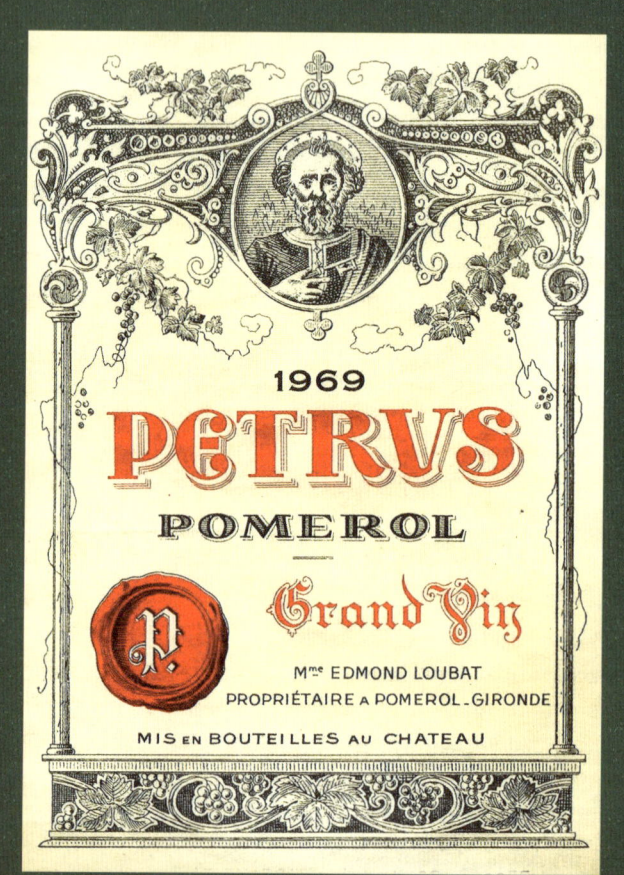

PETRVS

POMEROL

Grand Vin

Mme EDMOND LOUBAT
PROPRIÉTAIRE A POMEROL - GIRONDE

MIS EN BOUTEILLES AU CHATEAU

Petrus
Um Merlot que faz qualquer um sair de órbita

Um dos objetivos da geologia é explicar a formação e evolução do planeta Terra. A teoria com maior aceitação é da deriva continental, criada pelo cientista alemão Alfred Wegener. Na sua interpretação, a Terra era formada por somente um continente, chamado de Pangeia, e por um oceano, o Pantalassa. Com o tempo, devido às pressões internas e externas do próprio planeta, esse único bloco se fragmentou, provocando a criação de novos continentes e oceanos.

Um dos resultados desta ação, associada a outros fenômenos naturais ao longo do tempo, foi o surgimento de solos férteis e com características específicas para o cultivo de determinados alimentos, sejam eles cereais, hortaliças ou… uvas! Um bom exemplo é a vinícola Petrus, localizada na região de Pomerol, próxima a Bordeaux. O *terroir* possui um tipo de solo exclusivo, composto de cascalho e de dois tipos de argila. A primeira, muito densa, escura e rica em materiais orgânicos; a segunda, uma argila azulada, rica em óxido de ferro, que torna o vinho mais escuro em relação aos similares produzidos próximos a esse *chateau*.

Uma curiosidade sobre esse solo é que, durante o verão, fica seco e a argila, muito dura, impedindo a penetração das raízes da vinha em grandes profundidades. Na época em que os romanos ocuparam esse território, chamavam a argila de "petrus", que significa rocha.

Assim surgiu o nome do vinho Petrus, um Merlot cujo rótulo sofreu alterações ao longo do tempo. No início do século XX, não trazia a imagem de São Pedro. A partir da década de 1940, sua então proprietária, Madame Loubat, mudou a tipografia e introduziu a figura do santo segurando as chaves do reino dos céus. A alusão a Pedro se deve às palavras bíblicas que Jesus disse para ele: "Sobre esta pedra eu edificarei minha igreja".

Mas a ligação do Petrus com a Terra e o universo de fato se materializou quando 12 garrafas do vinho da safra 2000 e 320 vinhas foram enviadas ao espaço, em novembro de 2019, passando 14 meses em uma estação espacial da empresa Space Cargo Unlimited.

Quando o vinho foi trazido de volta à Terra, houve uma aguardada degustação, comparando garrafas que estiveram em órbita com outras da mesma safra. Foram abertas apenas três das 12 garrafas e, segundo especialistas, os vinhos que tiveram contato com a microgravidade evoluíram de forma mais acelerada e desenvolveram aroma de flores.

Em maio de 2021, a casa de leilões francesa Christie's anunciou que botaria à venda uma das garrafas pelo preço estratosférico de um milhão de dólares. Já as vinhas que passaram uma temporada no espaço estão em fase de estudos pela Universidade de Bordeaux, na França, que também vai guardar as demais garrafas para futuras pesquisas.

Crença ou não, ter no rótulo São Pedro com as chaves do céu deve ter sido um presságio de onde esse vinho poderia chegar. O único que teve como adega o espaço!

ZUCCARDI

FINCA
PIEDRA INFINITA
PARAJE ALTAMIRA

MENDOZA ARGENTINA

Piedra Infinita
Da rocha ao Malbec perfeito, os desafios da tecnologia

Nas pesquisas para o desenvolvimento de novos vinhos, muitos enólogos dizem que desejam implementar em suas vinícolas um modelo de produção que valorize princípios de inovação e conservação da biodiversidade local. O objetivo pode ser alcançado com tecnologia e conhecimentos científicos sobre pedologia, um ramo da geografia voltado para o estudo do solo.

Um exemplo de novos padrões de produção é a vinícola Piedra Infinita, localizada em Mendoza, no Vale do Uco, da Família Zuccardi. Fundada em 2016 pelo enólogo Sebastián Zuccardi, da terceira geração, a Piedra Infinita foi eleita em 2019 a melhor do mundo pelo The World's Best Vineyards Academy, que avaliou cerca de 1.500 vinícolas do novo e do velho mundo.

Antes de iniciar a produção, Sebastián fez estudos de condução eletromagnética e análise do solo por satélite. Além disso, escavou calicatas (buracos que permitem conhecer o subsolo e o comportamento de crescimento das raízes das vinhas). Mas a tecnologia não foi aplicada apenas na plantação. Após a colheita e a fermentação, os vinhos amadurecem em ânforas ou tanques de cimento em formato de ovo.

Já o nome Piedra Infinita remete à grande quantidade de pedras calcárias ali existentes, vindas do Rio Tunuyán. No período da construção da vinícola, estimava-se que seriam necessárias 300 viagens de caminhões para a retirada de todas as pedras. Porém, foram mais de mil, e não tinha fim. Elas pareciam brotar! A partir dessa característica peculiar e de um poema chamado "Piedra infinita", do argentino Jorge Ramponi, surgiu o nome da linha de vinhos e da própria vinícola.

Tanto estudo e inovação mereceram uma bela recompensa: Robert Parker, um dos maiores críticos de vinhos de todos os tempos, classificou a safra 2016, da casta Malbec, com 100 pontos. Piedra Infinita foi o terceiro vinho argentino a receber pontuação máxima, honraria que até então havia sido concedida apenas ao Catena Zapata e ao El Enemigo.

Quinta da Bacalhôa

Cabernet Sauvignon

Azeitão Region

1984

FINE RED WINE MATURED IN CASK

PRODUCED AND BOTTLED BY

JOÃO PIRES & FILHOS, LDA - PINHAL NOVO

PROPRIETORS OF THE QUINTA DA BACALHÔA
THOMAS AND CATHRYN SCOVILLE

Alc. 11,5 % by vol.   PRODUCE OF PORTUGAL   750 ml.

Quinta da Bacalhôa
*Do palácio real para a galeria
dos grandes vinhos portugueses*

Antigamente, reis e rainhas moravam em castelos, com estruturas que mais pareciam fortalezas, construídos para sua proteção. Normalmente ficavam em locais afastados, de difícil acesso. Com o tempo, a arquitetura onde viviam nobres, chefes de estado e diplomatas mudou: surgiram os palácios, erguidos em espaços urbanos e com características que valorizavam o glamour e o luxo.

Os palácios são cenários de muitas histórias. Um deles tem um lindo jardim e um *terroir* construído para a produção de vinhos. Chama-se Palácio dos Albuquerques e faz parte da propriedade onde fica a Quinta da Bacalhôa, localizada em Azeitão, na cidade de Setúbal.

Para explicar como um palácio pode ter um *terroir*, é necessário retornar ao século XV. Nesse período, a Casa Real Portuguesa mandou construir o palácio em Azeitão, que permaneceu vinculado à Corte até 1528, quando Brás de Albuquerque, conselheiro do rei, adquiriu a imponente residência.

Aos poucos, ele remodelou o palácio, tornando-o um dos mais belos conjuntos arquitetônicos de Portugal – atualmente é classificado como monumento nacional.

Já na década de 1930, a norte-americana Orlena Scoville comprou a propriedade e fez uma grande restauração. Quarenta anos depois, seu neto, Thomas Scoville, levou três cepas de Bordeaux (Cabernet Sauvignon, Merlot e Petit Verdot) para o cultivo na região do palácio. Assim, no fim dos anos 1970, nascia o primeiro vinho tinto português Cabernet Sauvignon, batizado de Quinta da Bacalhôa.

A origem do nome Bacalhôa, aliás, é no mínimo curiosa: Maria Mendonça de Albuquerque, herdeira de Brás de Albuquerque, era casada com D. Jerónimo Manuel, conhecido pela alcunha de Bacalhau. Acabou sendo pejorativamente chamada de Dona Bacalhôa. Os detratores só não podiam imaginar que o apelido batizaria um dos mais icônicos vinhos de Portugal. Hoje, a vinícola Quinta da Bacalhôa faz parte da Fundação Berardo, que tem o Comendador José Berardo como principal acionista. Ele ampliou a propriedade, modernizou a produção e estendeu as parcerias comerciais da empresa.

SOCIÉTÉ CIVILE DU DOMAINE DE LA ROMANÉE-CONTI
PROPRIÉTAIRE A VOSNE-ROMANÉE (COTE-D'OR) FRANCE

ROMANÉE-CONTI

APPELLATION ROMANÉE-CONTI CONTROLÉE

3.151 Bouteilles Récoltées

BOUTEILLE Nº 00000
ANNÉE 2008

LES ASSOCIÉS-GÉRANTS
Henri-Frederic Roch
A. de Villaine

Mise en bouteille au domaine

Romanée-Conti
Um ícone de Borgonha que virou caso de polícia

A República é um dos três períodos históricos da Roma Antiga e durou aproximadamente 500 anos. Um de seus personagens mais emblemáticos foi o ditador Júlio César, famoso pela expansão do território romano, pela tentativa de transformar o regime em monarquia e por seu romance com Cleópatra, rainha do Egito. No auge do seu governo, Júlio César invadiu a Gália, antiga região francesa.

Como estratégia para manter essas terras, decretou uma lei agrária para a região: demarcou toda a área e presenteou os generais que participaram da conquista com um pedaço, determinando que plantassem vinhedos. Cada lote foi chamado de *romanée*.

Com o passar dos séculos, essas terras trocaram de mãos e tiveram diferentes proprietários, entre eles os monges da Ordem de Saint-Vincent. Em 1760, Louis-François de Bourbon, Príncipe de Conti e primo do Rei Luís XV, adquiriu um *romanée* e se tornou o mestre das vinhas. Após sua morte durante a Revolução Francesa, o *terroir* foi confiscado e leiloado. Ganhou o nome de Romanée-Conti, que mais tarde daria nome ao vinho, considerado o principal de Borgonha e um dos melhores da França.

A produção do Romanée-Conti é pequena. Alguns exemplos recentes são as safras de 1997 (4.814 garrafas), de 2003 (3.575 garrafas) e de 2008 (3.151 garrafas). Além da oferta enxuta, outros fatores influenciam em seu preço salgado, como a área do vinhedo, com apenas 1,8 hectare, e o solo de calcário da vinícola, além de altitude, inclinação e drenagem perfeitas. Para se ter uma ideia, em um leilão realizado em 2018 em Nova York, uma garrafa da safra de 1945, cuja produção se limitou a 600 unidades, foi arrematada por singelos 558 mil dólares.

Apontado como um dos melhores e mais caros vinhos do mundo, esse Pinot Noir francês ganhou inclusive um livro, "A história do Romanée-Conti", do jornalista norte-americano Maximillian Potter. Conta um episódio ocorrido em 2010, quando o atual proprietário da vinícola, Aubert de Villaine, recebeu um bilhete anônimo que ameaçava destruir por envenenamento o tradicional e perfeito *terroir*, exceto se pagasse um milhão de euros pelo resgate. A chantagem desencadeou uma grande e sigilosa operação da polícia francesa para evitar a tragédia. Mas isso já é outra história...

Royal Tokaji
ESSENCIA
1993

Royal Tokaji Essencia

O vinho dos reis que nasceu dos fungos

Não se sabe ao certo a origem dos vinhos Tokaji, produzidos na Hungria. Há várias versões. Uma delas dá conta de que, em 1620, a região temia um ataque dos turcos e a estratégia dos lordes de Tokaji foi retardar a colheita. Isso fez com que as uvas fossem tomadas pelo fungo *botrytis cinerea*, provocando o surgimento de um vinho muito doce e de agradável paladar. Outra versão diz que o vinho não nasceu por mera causalidade e sim pela genialidade de um capelão ligado à família Rákóczi, que intencionalmente identificou as uvas atingidas pelo fungo e criou um novo método de produção.

Independentemente da origem, esse vinho precioso, adocicado e com acidez equilibrada faz parte da história vinícola europeia desde a Idade Média. A região de produção dos Tokaji foi pioneira no sistema de classificação de vinhedos, ainda em 1772.

O Tokaji já foi um dos mais importantes vinhos do mundo, favorito de imperadores e de reis. Chegaram à mesa das rainhas Vitória, da Inglaterra, e Maria Teresa, da Áustria, e também do czar Pedro, da Rússia. Há relatos de que o Rei Luís XIV foi presenteado com esse vinho em uma caixa de madeira pelo príncipe da Transilvânia, provocando furor na corte francesa. Já seu sucessor, Luís XV, gostava tanto do Tokaji que criou os seguintes dizeres em latim: *"Vinum regum, rex vinorum"* (Vinho dos reis, rei dos vinhos).

Símbolo da Hungria, o Tokaji é o único vinho do mundo citado na letra do hino nacional do seu país: *"Nas planícies da Kunság, nos dourastes e espigas, das videiras de Tokai o néctar nos pingaste"*.

No período de 1949 a 1989, porém, o regime comunista praticamente fez desaparecer a fama do icônico vinho. Após a queda do comunismo, o governo húngaro investiu no renascimento do Tokaji. Aproveitando esse momento, em 1990, em Mád, no nordeste da Hungria, Hugh Johnson inaugurou a vinícola Royal Tokaji, que se tornaria referência mundial. Atualmente, ela exporta para mais de 30 países e já coleciona mais de cem prêmios, incluindo pontuação máxima do Robert Parker para o rótulo Essencia 2000.

Em 2019, a vinícola lançou o Royal Tokaji Essencia 2008, com valor inicial de venda, 35 mil euros, maior que o de vinhos prestigiados e raros como o Romanée-Conti. O alto preço se justifica não só pelo custo de produção – todo processo de colheita é manual – mas principalmente porque apenas 18 garrafas foram comercializadas.

ROUTHIER & DARRICARRÈRE

750 ml Vinho fino tinto seco Cabernet Sauvignon 13 %vol.

Salamanca do Jarau

2016

Salamanca do Jarau
Cabernet Sauvignon
nascido de uma lenda gaúcha

Uma das formas de reconhecimento da identidade social de um povo se dá por meio de suas manifestações culturais: hábitos, lendas, contos, músicas... E também através do folclore, que é um conjunto de criações culturais de uma comunidade, baseado nas tradições individuais e coletivas que atravessam gerações.

Para ilustrar essa definição, vamos falar de uma personagem cristã-árabe cuja história já tem quase oito séculos. Começou quando os mouros ocuparam a Península Ibérica, provocando uma mistura de elementos culturais e religiosos que se espalharam pelo mundo. A lenda foi se transformando ao longo do tempo, até chegar ao folclore brasileiro.

Nesta versão tupiniquim, uma bela princesa moura foi transformada em uma velha feiticeira e, por isso, fugiu da cidade de Salamanca, na Espanha, e acabou indo viver no Cerro do Jarau, região montanhosa no Rio Grande do Sul. Lá, ela recebeu outra maldição, desta vez do diabo indígena Anhangá-Pitã, e virou a Teiniaguá, uma criatura meio velha, meio lagartixa.

Reza a lenda que o sacristão de uma aldeia próxima aprisionou Teiniaguá. Ao soltá-la à noite, para sua surpresa, ela se transformou de novo numa bela mulher – mas apenas para ele. Os dois viveram momentos de tórrida paixão, e Teiniaguá lhe pediu vinho. Sabendo que o único vinho que podia oferecer era o do padre, não hesitou em buscá-lo. E assim o fato se repetiu ao longo das noites seguintes.

Durante o dia, o sacristão vivia cansado, tomado pelo sentimento de culpa e se autopunindo pelo pecado. Descoberto, foi condenado à morte, e Teiniaguá desapareceu. No dia de sua sentença, porém, ela voltou para resgatar o amado. Os dois fugiram para uma caverna no Cerro do Jarau, onde viveram por 200 anos, até o encanto ser quebrado.

A história da princesa amaldiçoada acabou transportada para um vinho da Routhier & Darricarrère, vinícola de Rosário do Sul, na Campanha Gaúcha. Os donos, os irmãos franceses Pierre e Jean Daniel Darricarrère e o canadense Michel Routhier, resolveram exaltar a cultura gaúcha e lançaram o icônico Salamanca do Jarau, um elegante Cabernet Sauvignon.

Para criar o rótulo, convidaram Gelson Radaelli, artista plástico gaúcho de traços inconfundíveis. O desenho traz a princesa meio velha, meio lagartixa, cuja lenda foi publicada pela primeira vez em 1913 pelo escritor pelotense João Simões Lopes Neto no livro "Lendas do Sul". A história, aliás, inspirou Erico Veríssimo a escrever partes de sua trilogia "O tempo e o vento".

Se na literatura a Salamanca do Jarau representa a magia, seu vinho também nos enfeitiça e espalha encanto pelas cartas de restaurantes badalados do Brasil.

2012

San Michele a Torri

CHIANTI
COLLI FIORENTINI

Denominazione di Origine
Controllata e Garantita

IMBOTTIGLIATO
ALL'ORIGINE DA
FATTORIA
SAN MICHELE
A TORRI SOC.AGR. S.r.l.

SAN MICHELE
A TORRI · ITALIA
ITALIA

CONSORZIO CHIANTI
FIRENZE
COLLI FIORENTINI

San Michele a Torri

*Um terroir protegido
pelo arcanjo guerreiro*

Este rótulo nos remete a um dos berços históricos do vinho, a Itália e sua região de Chianti, área montanhosa da Toscana situada entre as cidades de Florença, Siena e Arezzo. Um lugar belíssimo, não só pelas paisagens bucólicas, mas que também guarda uma arquitetura medieval e uma grande variedade de vinícolas.

No coração de Chianti, a 15 quilômetros de Florença, está localizada a fazenda San Michele – ou São Miguel, como é chamado o arcanjo guerreiro no Brasil. A propriedade data de 1126 e fica num terreno onde foi erguido um castelo medieval de defesa, daí a denominação Torri (que significa torres em italiano). Hoje, há apenas vestígios do castelo, misturados às novas construções que surgiram na fazenda ao longo do tempo. Entre elas, porões com cofres de tijolos, uma capela do século XVIII e um poço neogótico.

Em 1944, durante a Segunda Guerra Mundial, a região foi palco da sangrenta Batalha de São Miguel. Tropas neozelandesas enfrentaram durante uma semana os alemães e os derrotaram. No confronto, cerca de 120 pessoas se refugiaram nos porões da fazenda e se protegeram entre os barris de vinho produzidos ali.

As unidades de artilharia da Nova Zelândia conseguiram tomar Arezzo e chegaram a Florença, uma cidade estratégica a ser ocupada. Por conta disso, os neozelandeses elegeram o dia 30 julho como o Dia de São Miguel, quando homenageiam os mortos na Segunda Guerra e a vitória contra as tropas alemãs.

Atualmente, o dono da fazenda, Paolo Nocentini, desenvolveu práticas inovadoras e sustentáveis voltadas para a agricultura orgânica. Sua propriedade tem 370 hectares, dos quais 55 destinados à plantação de vinhas como Sangiovese, Canaiolo, Colorino, Malvasia Rossa, Ciliegiolo, Pugnitello, Trebbiano e San Colombano – ele produz também mel, grão-de-bico e azeite de oliva extra virgem. Mais recentemente foram introduzidas as castas Cabernet Sauvignon, Merlot, Syrah, Chardonnay, Riesling, Pinot Bianco e Petit Manseng. Graças a essa variedade surgiu o rótulo San Michele a Torri Chianti Colli Fiorentini, um blend de diferentes uvas e muito bem representado por São Miguel, que também é um símbolo da vinícola.

PATAGONIA

SAURUS

PINOT NOIR

ARGENTINA

Saurus
Um brinde à terra dos dinossauros gigantes

Cerca de 75 milhões de anos atrás, no período cretáceo, a Patagônia Argentina era ocupada por dinossauros gigantes, classificados cientificamente como *Titanosauridae*. Eles chegavam a medir 12 metros de comprimento ao levantar a cabeça e pesavam 16 toneladas.

Agora vamos dar um salto para o século XX, quando a família do alemão Hermann Heinz Theodor Schroeder migrou para a Patagônia para atuar nas áreas de saúde e mídia. No início dos anos 2000, o filho Hermann Schroeder resolveu criar uma improvável vinícola nos *terroirs* áridos da região. Ele desejava transformar o deserto em vinhedos verdes! Surgia assim, em San Patricio del Chañar, a vinícola Família Schroeder.

As duas épocas se cruzaram durante a construção da vinícola: foram encontrados naquela área fósseis do dinossauro *Aeolosaurus*, herbívoro e de pescoço muito comprido, que media em torno de 15 metros. Há ainda registros de que nas rochas continentais da região havia restos dos maiores dinossauros carnívoros do mundo.

Diante da importância das relíquias encontradas, os paleontólogos Juan Porfiri e Jorge Calvo, do Centro de Pesquisa Paleontológica Lago Barreales, da Universidade Nacional de Comahue, ficaram responsáveis por supervisionar os trabalhos de retirada dos fósseis. Para homenagear a família dona da vinícola e financiadora dos estudos no local, nomearam a espécie encontrada de *Panamericansaurus Schroederi*.

A região da Patagônia é considerada na Argentina a "terra dos dinossauros", por conta dos sítios paleontológicos existentes, com inúmeros vestígios do período cretáceo, não só de dinossauros, mas também de plantas, peixes, tartarugas e crocodilos, entre tantas outras espécies. Justamente para valorizar esses achados pré-históricos, a vinícola construiu uma espécie de museu em sua adega, onde ficam à mostra os fósseis, da forma exata como foram encontrados durante a obra.

A Família Schroeder não parou por aí: para exaltar a história do inusitado *terroir* foi desenvolvida a premiada linha Saurus, que tem como principal característica a ousadia de fabricar vinhos em terras áridas. São rótulos que juntam frescor e intensidade, um contraponto ao seu lugar de origem.

*TO SAVE AND PROTECT THE SECRETS OF GOOD WINE-MAKING

THE
GUARDIANS*

2013

DRY WHITE WINE
SPIROPOULOS - MANTINIA

PROTECTED DESIGNATION OF ORIGIN

a c 12,5% by vol.

PRODUCED & BOTTLED
ARKAS S.A. - MANTINIA - ARCADIA
DRY WHITE WINE FROM GREECE

750ml

The Guardians
O guardião dos segredos de um grande vinho

Um campo de análise da antropologia é estudar como a cultura humana se desenvolveu no decorrer do tempo. Uma maneira de observar essa transformação é por meio de histórias populares, carregadas de simbolismos. As lendas costumam estar ligadas a crenças ou costumes culturais, e surgem como uma expressão de um determinado povo para explicar mistérios ou fenômenos que não são compreensíveis. A narrativa normalmente mistura fatos reais e fantasiosos, e pode ter heróis, vilões ou figuras imaginárias.

Em um passado não muito distante, a vinícola grega Spiropoulos-Meliastro optou em mudar os seus métodos de fabricação, passando a investir na agricultura orgânica, com foco no equilíbrio do ecossistema. A empresa de design Mousegraphics e o artista V. Karouk, ambos também gregos, foram contratados para criar um rótulo que representasse essa transformação. E o ponto de partida seria uma figura muito popular da agricultura: o espantalho.

Em muitas culturas o espantalho é reconhecido como um guardião e protetor da colheita. Mais do que repelir animais, ele é usado também para afastar sentimentos e pensamentos negativos, ou mesmo tempo ruim, que prejudicam as plantações.

Ao criar os rótulos da linha The Guardians, V. Karouk construiu três espantalhos em tamanho real, cada um para representar um vinho (branco, rosé e tinto). Os bonecos foram então fotografados por T. Vrettos, especializado em moda e arte. Para completar, além das informações técnicas, o rótulo apresenta o seguinte slogan: "Servir e proteger os segredos da boa produção de vinho". A sofisticação deu certo: o design da linha The Guardians ganhou nada menos do que 230 prêmios no mundo inteiro.

The Wine

The Hatch
Realismo, fantasia e um grupo de amigos excêntricos

Quando pensamos no Canadá, uma das primeiras imagens que vêm à cabeça são os *ice wines* da região de Niagara Falls, produzidos a partir de uvas congeladas. Porém, o território canadense é diverso e não deve ser resumido a apenas um tipo de vinho. A província Colúmbia Britânica se destacou na rota do enoturismo pelas características semelhantes às de Napa Valley.

Chamou nossa atenção nessa região a vinícola The Hatch (a escotilha, em português), em West Kelowna, que figura na nona posição entre as melhores do Canadá. Os produtores entendem que a The Hatch "é o culminar dos sonhos de um grupo de excêntricos que viveu e aprendeu o caminho da vinha por incontáveis anos".

O espaço de degustação da vinícola é uma espécie de empório, com arquitetura rústica, idealizado como um barraco do futuro, no qual diferentes tipos de artes compõem o ambiente, numa referência à comemoração e à diversidade.

Os rótulos são peças de arte: traduzem a essência da vinícola e as interpretações reais e imaginárias do artista canadense Paul Morstad, cujos traços têm forte influência do surrealismo.

Há versões diferentes sobre a relação do artista com a vinícola. Uma delas diz que se deu após um acidente de carro na infância, nas imediações da propriedade. Salvo pelos proprietários, Morstad estabeleceu com eles uma relação de amizade e parceria. Já em uma reportagem para a "Scout Magazine", quando perguntado como decidiu criar rótulos de vinhos para a The Hatch, ele disse: "Através de uma longa série de falhas de comunicação, identidade equivocada e acaso".

Seja qual for a história, o resultado é um encontro entre as diferentes expressões: visual, escrita, líquida e imaginada.

TRIVENTO
ARGENTINA

RESERVE
MALBEC
2019

MENDOZA

13,5% Alc.Vol.

VINO TINTO
CONT. NETO 750 ml

Trivento
Os ventos mutantes, um trunfo de Mendoza

O nome desse rótulo nos leva a refletir sobre a importância dos elementos meteorológicos em relação às videiras e às safras dos vinhos, especialmente o vento. Ele representa um dos principais fatores do clima e muitas vezes interfere na temperatura, umidade e até mesmo na cultura local.

A vinícola argentina Trivento, do grupo Concha y Toro, desde 1996 desafia o vento e chama a atenção para a importância dessa ação do clima. O rótulo e o nome da vinícola remetem aos três ventos que predominam na região de Mendoza: o Polar, o Sudestada e o Zonda. O Polar, com origem na Antártida, é frio e anuncia a chegada do inverno. Já o Sudestada, mais quente e úmido, é comum no verão. Porém, o de maior presença é o Zonda, que predomina o ano inteiro.

O Zonda se origina no Oceano Pacífico e tem como característica inicial ser frio e úmido. Quando se desloca para o continente sul-americano, na parte do Chile, contribui para o surgimento de chuvas e quedas de neve no topo da cordilheira.

Ao passar para o lado argentino, principalmente na província de Mendoza, a velocidade muda, assim como suas características: provoca um aumento considerável de temperatura. Isso contribui para o derretimento do gelo na cordilheira e a disponibilidade de água na região. Rajadas fortes e violentas, porém, volta e meia causam destruição nas cidades das redondezas.

O Zonda não interfere apenas no clima, mas também nas manifestações culturais de Mendoza. Segundo uma lenda, o vento forte surgiu de um espírito dos povos indígenas dos Andes centrais, chamado de Pachamama. Ele lançou um castigo sobre um jovem guerreiro que matava animais por esporte: mandou uma forte ventania, rastejante e quente como o inferno, que acabou com toda a plantação do lugar.

No mundo dos vinhos, o equilíbrio entre os ventos cria as condições ideais para o cultivo das vinhas. Por isso, investir em ações sustentáveis faz parte do modelo de negócio da Trivento desde 2013, o que a levou a aderir ao Pacto Global da ONU e alinhar-se aos Objetivos de Desenvolvimento Sustentável. Tanto empenho em um modelo de gestão responsável e robusto, aliado à tecnologia na produção, fez da empresa a maior exportadora de vinho argentino para a Europa. Bons ventos sopraram para a vinícola.

VEGA-SICILIA

COSECHA 1970   "UNICO"

Ribera del Duero
Denominación de Origen

Medalla de Oro y Gran Diploma de Honor
Feria de Navidad de Madrid de 1927
Medalla de Oro y Gran Diploma de Honor
Exposición Hotelera de Barcelona de 1927
Gran Premio de Honor
Exposición Internacional de Barcelona 1929-30

75 Cl.   13% Vol.

EMBOTELLADO EN LA PROPIEDAD

BODEGAS VEGA SICILIA, S. A.   *VALBUENA DE DUERO* (Valladolid) España

Esta cosecha ha sido escogida para ser embotellada en 94.500 botellas bordelesas y 2.000 magnum.

El número de esta botella es el   Nº '90747

BODEGAS VEGA SICILIA, S. A.
El Presidente

LOTE N.º 182   Nº embtdor. 2342

Vega-Sicilia Unico
A garrafa número 1 é sempre do Rei da Espanha

Antes de falarmos da vinícola Vega Sicilia, localizada em Ribera Del Duero, a 200 quilômetros de Madri, na Espanha, é importante lembrar como se configurava a Península Ibérica no século XII, bem diferente de hoje em dia. Era formada por duas regiões: o Reino Cristão e o Domínio dos Muçulmanos, sendo que o primeiro se dividia em quatro territórios: Portugal, Castela e Leão, Navarra e Aragão.

A origem do Vega-Sicilia Unico está em Castela e Leão, quando era governada pela Rainha Urraca I, a Temerária. Naquela época, existiam acordos de serviços entre pessoas de grande influência e poder econômico com outras de menor acesso a bens e posses, relações chamadas de vassalagem. Por meio de um acordo comercial, a Rainha Urraca I ofereceu a um dos seus mais fiéis vassalos a posse da Quinta Vega Sicilia. Com o tempo, essas terras passaram a pertencer a um mosteiro de monjas, onde se cultivavam uvas, verduras e hortaliças.

Em 1864, Don Eloy Lucanda, um engenheiro, herdou a propriedade e, ao lado de outros produtores da região de Rioja, planejava fabricar vinhos com qualidade semelhante à de Bordeaux. Ele plantou mais de 18 mil videiras das uvas Cabernet Sauvignon, Carménère, Malbec, Merlot e Tempranillo, entre outras.

Após sua gestão, a vinícola recebeu certificações de qualidade e passou a fornecer vinhos à família real espanhola. Mas com a morte de Don Eloy, os filhos não tiveram o mesmo empenho e venderam mais de 80% da propriedade, até que Cosme Palacio y Bermejillo a arrendou. No início do século XX, ele convidou o enólogo basco Domingo Garramiola para aprimorar sua produção e daí surgiram dois tipos de Vega-Sicilia: o Valbuena e o Unico.

Desde 1982, a Família Alvarez é a proprietária da vinícola. A linha Unico é a vedete da marca, com um longo processo de produção: antes de ser comercializado, o vinho é mantido por até 15 anos num ritual de afinamento, passando por tonéis e barricas usadas e novas, até estagiar o último terço do tempo já engarrafado.

De tão disputado, o Vega-Sicilia Unico é vendido antes mesmo do seu lançamento, através de cotas para sua aquisição. Ainda assim, sempre há uma enorme lista de espera – chegam ao Brasil cerca de cem caixas por ano. Não importa a corrida pelo célebre vinho, a garrafa número 1 de cada safra segue uma tradição: é destinada à família do Rei da Espanha.

Casa Valduga

Heitor Villa-Lobos
Cabernet Sauvignon

VINHO FINO TINTO SECO - 750ml - 14%vol

Villa-Lobos
Tributo ao maestro que fez história no Brasil

Em 2009, no ano em que se completaram 50 anos da morte de Villa-Lobos, a Casa Valduga selecionou suas mais preciosas uvas de Cabernet Sauvignon e elaborou um vinho em homenagem ao grande maestro brasileiro.

Nascido no Rio de Janeiro em 1887, Heitor Villa-Lobos se encantou cedo pela música e na adolescência já tocava violão, violoncelo e piano. Em 1922, foi um nome importante na Semana de Arte Moderna, em São Paulo, e ganhou projeção internacional misturando ritmos folclóricos e populares com a música erudita. Em sua trajetória, compôs mais de 700 obras, com destaque para as nove "Bachianas brasileiras" e a série "Choros", com 14 peças. Em 1945, fundou e foi o primeiro presidente da Academia Brasileira de Música.

O sucesso de Villa-Lobos se repetiu no vinho em sua homenagem, que mereceu um cuidado especial no rótulo. O nome é grafado com a assinatura do maestro e traz ainda a reprodução de um trecho de uma partitura dele.

O que era para ser uma edição limitada acabou entrando de forma definitiva no portfólio da Casa Valduga. A vinícola então fez uma parceria com a Academia Brasileira de Música: parte do que é arrecadado com o vinho é destinada à formação de jovens músicos pela própria ABM.

E, assim como Villa-Lobos, esse Cabernet Sauvignon alçou voos internacionais: a safra de 2015 recebeu medalha de ouro em premiações na Espanha e na França.

Casa Valdiga 130
SPECIAL EDITION
BLANC
BLANC DE BLANC
100% Chardonnay

MÉTODO TRADICIONAL
MESES DE MATURAÇÃO EM CAVE 36
100% Chardonnay
BLANC DE BLANC

ENÓLOGO JOÃO VALDUGA
TERROIR LEOPOLDINA
VALE DOS VINHEDOS
12% vol - 750ml
ESPUMANTE BRANCO BRUT

130 Blanc de Blanc Brut

Simplesmente o melhor espumante brasileiro do mundo

A história do vinho surgiu no Oriente Médio, aproximadamente no ano 6.000 a.C., e foi construída por pessoas das mais diferentes nacionalidades, habilidades e épocas. Da mesma forma que a evolução humana teve suas raízes nos movimentos migratórios, a cultura do vinho também percorreu continentes, moldando e espalhando costumes, conhecimentos, crenças e identidades, que criaram liturgias próprias em sua produção.

Entre os países que contribuíram para esse processo destaca-se a Itália. A diáspora italiana entre o fim do século XIX e o início do século XX é um exemplo de movimento populacional que marcou a importância do país na disseminação da cultura do vinho, principalmente na América do Sul. Nesse período, o Brasil recebeu aproximadamente 1,5 milhão de italianos. A maior parte dos imigrantes ficou concentrada entre o Sudeste e o Sul. Eles foram fundamentais em muitos aspectos, como:

- Criação de colônias (Campo dos Bugres, Conde D'Eu, Dona Isabel), que mais tarde se tornariam importantes cidades produtoras de vinho, como Bento Gonçalves, Caxias do Sul e Garibaldi;
- Posicionamento do vinho como elemento de identidade e patrimônio de regiões como São Roque (conhecida como a terra do vinho paulista) e Vale dos Vinhedos (Bento Gonçalves, Garibaldi e Monte Belo do Sul);
- Fortalecimento da memória vínica por meio da construção de museus;
- Produção de vinhos e espumantes, que fizeram o Brasil ganhar destaque no cenário internacional.

Para homenagear os 130 anos da imigração italiana ao Brasil, a Casa Valduga lançou a linha de espumantes 130, que representa de forma genuína todo o legado desse povo. O reconhecimento não demorou: em 2020, o 130 Blanc de Blanc Brut – que ganhou um sofisticado rótulo de metal – foi eleito o melhor do mundo na 26ª edição do concurso Vinalies Internationales. Realizado na França, reuniu 130 jurados de 40 nacionalidades para degustar, analisar e avaliar cerca de três mil amostras de vinhos. Foi a primeira vez na história que um rótulo brasileiro recebeu o título de melhor espumante do mundo no prestigiado evento francês.

Desde o primeiro Valduga vindo da Itália, que instituiu o lema "faça uma garrafa de vinho bem feita antes de duas ruins", até seus sucessores, a Casa Valduga coleciona premiações com diferentes rótulos e leva o nome do vinho brasileiro para mais de 20 países em cinco continentes.

Agradecimentos

*"O vinho é realmente um universal
que sabe tornar-se singular,
quando encontra um filósofo
que sabe bebê-lo."*

Gaston Bachelard
Filósofo francês (1884-1962)

Agradecemos aos nossos amigos que agora se descobrirão filósofos do vinho, porque com eles e por meio deles aprendemos a apreciar as diferentes entregas que a bebida pode proporcionar. Com Gilmar Pires, Elisabeth Teixeira, Marcos Ferraz e Custódia Ferraz, amigos do Ingá, em Niterói, iniciamos essa filosofia do vinho em encontros em casa, em restaurantes e em degustações, onde molhávamos as palavras e construíamos referências inesquecíveis em nossas bibliotecas sensoriais. Já com os amigos empreendedores Graciele Davince, Eduardo Silva, Thaís Garcia, Everaldo Barreto, Vivian Garcia e Victor Vieira descobrimos nos vinhos motivos para reuniões, viagens e para vivermos muitas histórias que deixaram os nossos sorrisos mais soltos – os vinhos são testemunha.

Agradecemos *in memoriam* a Celio Alzer, que nos legou conhecimentos sobre a cultura do vinho e que se faz presente através de seus livros, jogos e a coleção de rótulos, que, por um carinho do destino, passou pelas nossas mãos – e que ajudam a ilustrar as páginas deste trabalho.

Não podemos deixar de mencionar ainda a jornalista Verônica Martins. Além de nos incentivar a transformar os contos em livro, ela fez a ponte com a Editora Máquina de Livros, que apostou no projeto.

Nosso agradecimento também aos amigos seguidores do nosso perfil Contos de Vinho, no Instagram, que se multiplicam todos os dias e são sempre generosos, acolhedores e incentivadores. Certamente nos impulsionaram a escrevermos mais e melhor sobre as histórias e curiosidades por trás dos rótulos.

Agradecimentos especiais

Este livro não existiria sem a colaboração fundamental de todas estas pessoas, que acreditaram no nosso projeto e o apoiaram. Tim-tim!

Adair Calgaro
Adega Carraro
Adega Rosa
Adelina Santos Cirino
Ademir Koucher
Afonso Henrique Costa
Agnes Marie
Aldivina Santos de Andrade
Alessandro Mauro
Alexandre Galvão
Alice Cunha Farias Oliveira
Ana Campagnucio
Ana Carolina Bosi
Ana Carolina de Aguiar Sirino
Ana Cristina Bechara Barros Fróes Garcia
Ana Emilia Ferraz
Ana Luiza Duarte
Ana Maria Palmer
Ana Maria Torres Schall
Ana Rita Bastos de Carvalho Coppos
Ana Rúbia Cirino
Anderson Alves
André Gomide Maciel
André Luiz Oliveira
Andrea Ramos
Angelica Medeiros Morgado
Aníbal Ferreira Patrício
Anna Karolina Amorim
Antonimar Moraes de Noronha
Antonio Androide
Armando Perin
Associação Brasileira de Sommeliers do Distrito Federal (ABS-DF)
Bárbara Toledo
Beatris Matejec
Bernardo Villar Camara
Bianca Hacon
Breno Paquelet
Blog Vinho Tinto
Bruno Brianezi
Bruno Guedes
Bruno Leão
Bruno Silva Lopes
Caio César de Aguiar Sirino

Caio Pellegatti
Carlo Vittorio
Carolina Siggelkow
Cesar Valle
Charleston Pereira Silva
Christianne Paiva
Claudete Gonçalves
Claudia Couto
Claudia Mota
Cláudio Cavalcanti Cysne
Claudio Sendim
Cleber Bernardi
Cristina Schowe Jacinto
Criz Azevedo
Custódia Maria Araujo
   Ferraz
Daniela Grizotti Lana
Daniella Merchiorato
   Marianeti
Daniellen do Vale Reis
Darjela Cima
Débora Viana Pereira
Dedeya Costt
Denilson Araujo de Oliveira
Denise Martins C Cordeiro
Denise Saboia
Dora Gurfinkel
Edelcio da Silva Biscola
Edenise Gonçalves Abelaira
   Villela

Eduardo Lima de Castro
   Nunes
Eduardo Maciel Ribeiro
Eduardo Rezek
Elaine Duim
Elane Dias da Silva e Santos
Elisandro Antonio Castro
Elizabeth Teixeira
Elizângela Machado da
   Costa
Eloá Rangel Honaiser
Eloilson Bezerra Leal
Elza Franco de Almeida
   Lemos
Emanuele Moreira Alves
Érica Dourado
Erivaldo Sousa
Ermio Patrao
Evandro Arsenio
Fabiano Muller
Fábio Gusmão
Fábio Moraes
Fabio Muller
Fernanda Borges Pintas
   Loyola
Fernanda de Sousa Gustin
Fernanda Medeiros
Fernanda Viana de Alcântara
Fernando Cortes Remisio
   Figuinha

Fernando Fernandes
Flávia Crizanto
Flávia Lecas
Flavio Henrique Canalle
Flavio Melara
Flavio Werneck
Francis de Oliveira
Francisco Chaves
Francisco Maia Neto
Gabriela Pinto Gonçalves
Gelson Pereira Dalvi
Gildo Rogério dos Santos Martins
Gilmar Pires
Gilson Carvalho Figueiredo
Giovana Pardo Meo
Graciele Davince
Grazielli Formigoni Francesqui
Grupo Somos Empreendedoras
Guilherme Dantas Rocha Coelho
Guilherme Latessa Carvalho
Gustavo Damasceno
Gustavo Vieira
Haloan Figueiredo Lopes
Heclair Rodrigues Pimentel Filho
Helen Couto
Hellma Ollympia Morais
Heloisa Helena F de M G Barbosa
Heraclito Maia
Hernandes Aguiar
Iara Calazans
Idumea Brandão
Igor Carneiro
Isabel Ananias
Isabel Aparecida Mendes Henze
Ivana Dias de Souza
Jaime Soares Batista
Janeyde Christine B Silva
João Martins de Moura Filho
João Renato Toledo
Jorge Luiz Barbosa
José Abadia Ribeiro
José Carlos Tedesco
Jose Claudio Costa Barros
José Cleudomar Rebouças
José Estelita Pinheiro de Aguiar
José Fernando dos Santos Filho
José Ricardo Miranda Matiusso
Joziane Dantas
Juliana Adomaitis Formoso
Juliane Aguilar Alves
Juliane Araújo do Prado Paiva
Julio Aragão
Katia Khede Rodrigues
Katiuscia Mérico Tetzlaff
Keli Bergamo
Keni Tonezer de Oliveira

Larissa Moschetta
Leda Marina
Leidiana Cunha da Silva Santos
Leonardo Bruno
Leonice Brito
Leticia Pestana de Souza Torzecki
Livia Karaoglan Folkerts
Livia Peixoto de Almeida
Lu Carmo
Luan Pires Paciencia
Luana Gabriela da Silva
Lucas Cezar Pinheiro
Lucia Porto
Luciano Gagliardi Paez
Ludmilla Jacobson
Luis Antonio Coutinho Silva
Luisa Mesquita
Luiza de Araujo Merchioratto Ferraz
Lumis! Comunicação Criativa
Madeleine Mallet Patricio
Maikhon Reinhr
Maíra Mascarenhas
Manoela Laurentino Ricardo
Marcello Pereira Gonzalez Leal
Marcelo Penteado
Marcelo Ronaldo Guimarães Barros
Marcelo Sebastião da Silva
Marcelo Zorzo
Márcia Rosa Batista de Lima
Marcia Suzuki
Marcio Augusto de Souza Teixeira
Marcio Carapeto Silveira Faria
Marcio Consentino Filho
Marcio Dertoni
Marcio Monteiro
Marco Antonio de Sousa Teixeira
Marcos Antônio da Silva
Marcos Vinícius Merchioratto Ferraz
Marcus Costa
Maria Carmen Alvarenga
Maria Celina Resende Garcia
Maria Lucia Mello
Maria Luiza Mello
Maria Rosicler Melchisedeck Meira
Maria Telma Gouveia Silva
Mariléa Xavier
Marina Domingues
Mario Escaleira de Macedo
Martha Cristina de Freitas Storino

Mauricio Azevedo Ferreira
Mauricio Costa
Mauricio José Lopes Caramuru
Mauricio Szapiro
Mayara R Bonfanti
Miranda Ana
Miranda Ely
Miriam Menezes
Mona Vilardo
Nicolás Irurzun
Nilton Wainer
Octavio Guedes
Pablo Braga Gusman
Paola Bonelli
Paola Pantolla Accorsi
Patrícia Bueno Nigro
Patricia Felisberto
Patrícia Streit
Paula Oliveira
Paula Resende
Paulo Cesar Vasconcellos
Paulo Roberto Almeida Figueiredo
Paulo Roberto Gomes Tavares
Paulo Verissimo
Paulo Vicente Mitchell
Pr Luzimani Abdias
Priscilla Erthal
Queila Moraes
Reinaldo Miguel Gomes
Renata de Cassia Toledo
Renata dos Santos Magalhães
Renata Hirata
Renata Ramos de C Amaral
Roberto Santos
Rodrigo Abalem
Rodrigo Barbosa Santiago
Rodrigo de Moura Macedo
Rodrigo Meinberg
Rômulo de Miranda Coelho
Rosa Maria Tomatis
Rosane Aguiar Figueiredo
Rosangela de Oliveira Almeida
Roselene Leite de Souza
Rosemary Lomelino
Rubens Eide
Ruby Academy
Sabrina Aguiar
Sandra de Oliveira Catalani
Sara Gonçalves
Sergio Guerra
Sérgio Pires - Sommelier
Sérgio Ricardo Ferreira Harduim
Sergio Wagner
Sintia de Albuquerque Novais
Solange Santos Jung
Sonia Silva

Taís Vieira
Tamara Ângelo
Tania Ribeiro Santos
Tânia Sá Hammerschmidt
Tatiana Tomain
Thaís Garcia
Thomaz Kauark Chianca
Tito Guedes
Tulio Sanches Mafra
Valéria Braga
Valéria dos Santos Martins
    de F Carvalho
Valéria Dourado
Valéria Souto Oliveira dos
    Santos
Vanderson Berbat
Vanessa Bianconi
Vanessa Oliveira
Verônica Martins de Oliveira
Verônica Poli
Vicente Lapenta
Victor Vieira
Vinicius Vidal
Vitor Recondo Freire
Vivian Fróes Garcia
Viviane Beyruth
Wally Gaby
@contra_rotulo

Para conhecer outras histórias sobre rótulos, aponte a câmera do seu celular para o QR code e acesse aqui nosso perfil no Instagram

Este livro utilizou as fontes
Bernard e Baskerville. Esta quinta edição
foi impressa na Gráfica Idealiza, em julho
de 2024, três anos depois de chegarem
ao Brasil duas mil garrafas da safra 2011
do icônico e cobiçado Barca Velha,
cada uma vendida a 7 mil reais.